ACKNOWLEDGMENTS

For the privilege of writing the workbook to accompany their text *Entradas,* we would like to thank the authors:

Theodore V. Higgs
Judith E. Liskin-Gasparro
Frank W. Medley, Jr.

In addition, we would like to recognize and thank Ted Higgs for preparing the pronunciation sections of the laboratory program.

For their encouragement, professional guidance and expertise, we are indebted to the following individuals:

Stan Galek
Kristin Swanson
A. Marisa French
Vivian Novo-MacDonald
Mary Lemire
Janet Gokay
Carmen Rogers

Len Shalansky
Rudy Heller
Leo Ortiz
Carmen Helena Martínez
Cathy Mains Bradley
Paulette Jiménez
Biby Ray

For providing us with valuable pieces of realia, we are grateful to:

Celso De Oliveira
Allan Englekirk
Charles and Rankin Craig
Brent Groce
Juan Loveluck
Lourdes Manyé

Wigberta Martín
Osvaldo y Noris Mujica
Carmen Rivera *(madre e hija)*
Mariana Silva
Donna Thompson
Betsy Weinberg

For their encouragement, confidence and love throughout this project, we would like to recognize:

Steve Fitzer
Laurence and Amanda Laughlin

¡ATENCIÓN ESTUDIANTES Y PROFESORES!

We are interested in your comments and reactions to this workbook and laboratory program. Please write us—*en inglés o en español*—on any aspect of the materials. We look forward to hearing from you.

Lizette M. Laughlin
Patti Marinelli
c/o Heinle & Heinle Publishers, Inc.
20 Park Plaza
Boston, MA 02116

TABLE OF CONTENTS

LEER

A. En blanco y negro In this first exercise you will learn some strategies that will help you understand written Spanish quickly – even if you have only been studying it for a day. Over the next several pages you will see eight different kinds of texts that anyone might have occasion to read in a Spanish-speaking country. Try to identify what each item is; you might find, for example, a bill, an advertisement, or a ticket. Remember to take advantage of all available clues, including layout, illustrations, charts, and familiar-looking words.

The eight items are:

Item 1 _cereal box side label_   Item 5 _Record Club subscription_

Item 2 _menu for KFC_   Item 6 _Bumper sticker_

Item 3 _newspaper index_   Item 7 _Baby on board sticker_

Item 4 _currency_   Item 8 _theatrical program_

1. Take a closer look at Item 1 as you do the following exercises.

  a. Familiar-looking words, or cognates (for example, *número* means "number") can often help you determine the general content of reading selections. Referring back to Item 1, find the Spanish cognates for these English words:

diet _dieta_

carbohydrates _carbohidratos_

vitamins _vitaminas_

minerals _minerales_

Now find four more cognates in Item 1 and write them here with their English equivalents.

cereals - cereales

adult - adulto

hierro - iron

Arroz - rice

  b. Given the kinds of cognates you have just found, what type of information would you say is presented in this text? _ingredients, nutrition information, wt. & packing information_

1

Kellogg's®
KRISPIS®
ARROZ TOSTADO INFLADO

Los cereales hacen parte de una dieta alimenticia equilibrada, aportan una importante cantidad de carbohidratos, vitaminas y minerales, tienen un notable valor nutritivo y contribuyen al cuidado de la salud.

Además, los KRISPIS están enriquecidos con 5 vitaminas y con hierro:

Vitaminas	Cantidad por 100 gramos
Niacina	16,0 mg.
Thiamina (B_1)	1,0 mg.
Riboflavina (B_2)	1,5 mg.
Vitamina B_6	1,8 mg.
Vitamina D	2,8 μg.
Hierro	6,7 mg.

Una ración de 30 gramos de KRISPIS proporciona por lo menos una cuarta parte de estas vitaminas para un adulto (o una tercera parte para un niño), y aproximadamente una sexta parte del hierro que se recomienda para la toma diaria.

INGREDIENTES:

Arroz, Azúcar, Sal, Malta, Niacina, Hierro reducido, Vitamina B_6, Riboflavina, Thiamina, y Vitamina D_3.

Kellogg's® y **Kellogg's Krispis®** son marcas registradas por Kellogg Co., Battle Creek, Michigan, U.S.A.

Fabricado por Kellogg-Figueras España, S.A. en Valls (Tarragona).

R.S.I. n.º 20.7246/CAT
R.S.I. n.º 20.14769/T
© 1981 Kellogg Company.

Este paquete se vende por peso y no por volumen. Puede ocurrir que durante el transporte y debido a su manipulación, su contenido se asiente, aparentando una pequeña disminución de volumen.

PESO NETO: 300g.

2

Kentucky Fried Chicken®
le ofrece

— POLLO SOLO —

3 PIEZAS	. . . .	Ptas. 368
5 PIEZAS	. . . .	580
7 PIEZAS	. . . .	767
9 PIEZAS (Familiar)	. . .	962
15 PIEZAS (Jumbo)	. .	1.533
21 PIEZAS (Barril)	. . .	2.151

— COMBINADOS —

INDIVIDUAL 2 pzas. pollo, patatas	.Ptas. 349
COMPLETO 2 pzas. pollo, patatas, ensalada individual	425
DERBY 3 pzas. pollo, patatas . .	448
ESPECIAL NIÑOS 1 pza. pollo, patatas	241
EXTRA CLUB 5 piezas pollo, 5 croquetas, 2 ensaladas individual .	783
EXTRA GOURMET 7 pzas. pollo, 7 croquetas, 1 ensalada familiar .	1.075
EXTRA FAMILIAR 9 pzas. pollo, 9 croquetas, 1 ensalada familiar .	1.292
EXTRA CATERING 21 pzas. pollo, 50 croquetas, 4 ensaladas familiar .	3.396

— COMPLEMENTOS —

CHICKEN SANDWICH	. . .	Ptas. 255
CHICKEN NUGGETS	. . .	255
PATATAS FRITAS	. . .	97
CROQUETAS (Unidad)	. .	23
ENSALADA ESPECIAL	. .	99-208
ENSALADA MACARRONES	.	113-259
PURE PATATA CON SALSA GRAVY	. . . . .	80-170

(6 % IVA no incluido)

3

Nombre _____Timoteo Walker_____ Fecha _____

4

6 1 0 8 2
SEIS   UNO   CERO   OCHO   DOS

22/87
12ª
SERIE
5ª
FRACCION
PRECIO
250
PESETAS

LOTERIA NACIONAL
Décima parte del billete
para el sorteo del día
30 de Mayo de 1987
EL DIRECTOR GENERAL

«PIZARRO Y ATAHUALPA»
Recibimiento ofrecido por el soberano
inca a Francisco Pizarro en la ciudad de
Cajamarca.

22705512 061082

QUINTA FRACCION

FCA NAL DE MONEDA Y TIMBRE
MADRID ESPAÑA

5

¡GRATIS! **Suscríbete al BID Discoplay**

NOMBRE	1.er APELLIDO	2.º APELLIDO
Francisco	Pozo	Suárez

CALLE	NUM.	PISO
Calle Granada	336	

D.P.	POBLACION	PROVINCIA
28007 Madrid		España

MARQUE CON UNA "X" LOS TIPOS DE MUSICA PREFERIDOS

01	CLASICO ZARZUELA		08	FOLK Y COUNTRY
02	JAZZ		09	CANCION SOCIAL
03	ORQUESTAS/PELICULAS		10	FOLKLORE NACIONAL
04	ROCK AÑOS 50/70		11	FOLKLORE HISPANOAMERICANO
05	ROCK AÑOS 70/80		12	ESPECIAL HITS DISCOTECAS
06	CANCION ESPAÑOLA Y FLAMENCO		13	VARIOS (MUSICALES) - efectos, humor, etc.
07	CANCION MODERNA Y LIGERA		14	VARIOS (NO MUSICALES) - camisetas, etc.

HATIBUALMENTE COMPRA:
MARQUE CON "X" EL SOPORTE

| LP |
| SINGLE |
| CASSETTES |
| CAMISETAS |
| AGUJAS, CAS. VIRGENES |

AÑO DE
NACIMIENTO

DISCOPLAY

Los Sótanos
(Gran Vía, 55)
La Vaguada
(Madrid 2)
Bilbao
(Correo, 5)

6

YO ♥ LA PAZ

7

bebé
a bordo
Nogalda
Alimentación Infantil

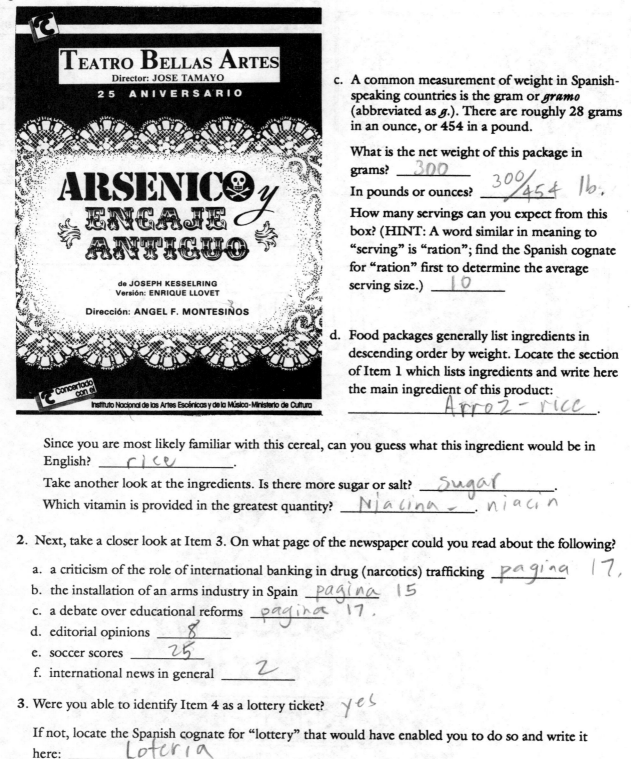

c. A common measurement of weight in Spanish-speaking countries is the gram or *gramo* (abbreviated as *g*.). There are roughly 28 grams in an ounce, or 454 in a pound.

What is the net weight of this package in grams? _____300_____

In pounds or ounces? _____300/454 lb._____

How many servings can you expect from this box? (HINT: A word similar in meaning to "serving" is "ration"; find the Spanish cognate for "ration" first to determine the average serving size.) _____10_____

d. Food packages generally list ingredients in descending order by weight. Locate the section of Item 1 which lists ingredients and write here the main ingredient of this product:
_____Arroz – rice_____.

Since you are most likely familiar with this cereal, can you guess what this ingredient would be in English? _____rice_____.

Take another look at the ingredients. Is there more sugar or salt? _____sugar_____.

Which vitamin is provided in the greatest quantity? _____Niacina – niacin_____

2. Next, take a closer look at Item 3. On what page of the newspaper could you read about the following?

a. a criticism of the role of international banking in drug (narcotics) trafficking _____pagina 17,_____

b. the installation of an arms industry in Spain _____pagina 15_____

c. a debate over educational reforms _____pagina 17._____

d. editorial opinions _____8_____

e. soccer scores _____25_____

f. international news in general _____2_____

3. Were you able to identify Item 4 as a lottery ticket? _____yes_____

If not, locate the Spanish cognate for "lottery" that would have enabled you to do so and write it here: _____Loteria_____

When was the drawing held for this lottery? _May 30, 1987_
In what order are dates given in Spanish? _30 May 1987_

4. Refer to Item 5 as you complete the following exercises.

   a. The kinds of information needed to fill out this card would be given in a slightly different way in a Spanish-speaking country. A complete name, for example, usually includes the first name and **two** surnames.

   Look at the first line of squares in Item 5 and determine which of the following means "surname" — *apellido* or *nombre*. _apellido_

   Another difference is that street numbers often go **after** street names. Now locate and write here the word for "street" _calle_; "number" _num._; "apartment" _piso or apartamento_ _numero_

   In some countries, such as Spain, the zip code or *distrito postal* is given **before** the city or town. In this item, how is the space for the zip code indicated? _d.p._ For the city/town? _poblacion_

   Rather than being divided into states, Spain is divided into provinces; what is the Spanish cognate for "province"? _provincia_

   b. Using the information below, fill in the card in the appropriate spaces:
   Francisco Pozo Suárez
   Calle Granada, 53 6ºJ
   28007 Madrid, España

5. The illustration in Item 6 can help you guess the meaning of *la paz*. What does this particular kind of bird often symbolize? _peace_ How might this phrase be expressed in English? _I love peace_.

6. The play in Item 8 happens to be a translation of a popular U.S. murder mystery. Can you work out its title in English? (HINTS: *Arsénico* is a cognate for _Arsenic_. *Antiguo* is a cognate for _antique_, but some words similar in meaning might be "elderly," "ancient," or, more commonly, _old_. Finally, the picture is of a doily made of _lace_.)
   The title is _Arsenic and Old Lace_.

   At first glance, this item may appear to be an advertisement; but what kinds of information usually found in ads or announcements are missing here? _the date it starts_. What you can't see from this reproduction is that it is merely the cover of a small booklet, inside of which you would find the following:

   "La acción en Brooklyn, 1944"

   FICHA TÉCNICA:
   Jefe de Electricidad   Francisco Leal
   Escenografía   Gil Parrondo
   Ayudante de Dirección   Angel Aguirre
   Decorado realizado por   PROSPER

42 Alvarado-Vanegas

ALVARADO ROGER GABRIEL
     CALLE 54 Nº 783-A CP 92343...................24-0093
ALVARADO ROJAS ARTURO
     CALLE 25-C Nº 182 ZP 93 26-3349
ALVARADO SOCORRO MOGUEL DE
     CALLE 40 Nº 446-D...............................27-8210
ALVARADO SOCORRO TORRES DE
     CALLE 50 Nº 651 CP 97198 24-4843
ALVARADO SOSA DONACIANO
     CALLE 44 Nº 514 CP 93138 26-5573
ALVAREZ MANZANERO VICTOR MANUEL
     CALLE 49 Nº 425 CP 97148 24-7564
ALVAREZ MANZANO HENRY
     CALLE 23 Nº 167 21-6398
ALVAREZ MARIA E RIVERO DE
     CALLE 92 Nº 483 CP 97220 21-3407

CALDERA ELSY RAMIREZ DE
     CALLE 59-A Nº 656 24-0397
CALDERA PAREDES ANA MA
     CALLE 5 A Nº 270..................................27-3456
CALDERIN MEDINA GRACIELA
     CALLE 29 Nº 373 27-7291
CALDERON ADDA LARA VDA DE
     CALLE 21-A Nº 135 27-9138
CALDERON ELIZABETH PERAZA VDA DE
     CALLE 86 Nº 444 25-3665
CALDERON MARIA JIMENEZ DE
     CALLE 64 Nº 658-A................................23-8993
CALDERON MIREYA BRICEÑO DE
CALLE 60 Nº 593 23-4625

TORAYA CONCEPCION ESCAMILLA DE
     F MUJICA 412 23-2218
TORAYA GANTUS WILBERTH DE J
     CAMELIAS 165.......................................25-0764
TORRES DORIS VARGAS DE
     HIDROELECTRICA DE INFIERNILLO 137
     CP 77030..28-3796
TORRES ESTHER ALONSO DE
     RET 3 Nº 7 CP 34031.............................29-2789
TORRES GUTIERREZ JOSE LUIS ING
     V CARRANZA 318....................................20-1386
TORREZ JUAREZ MA ANGELICA
     16 DE SEPBRE 39-A ZP 77 22-3271

UNIVERSIDAD PEDAGOGICA NACIONAL
     L CARDENAS 160....................................21-2398
    27-3824
URIBE MA JUANA BARAJAS DE
     A MERINO FERNANDEZ 163 24-4396
URRUTIA RUIZ ANIBAL
     HEROEZ 310 CP 77010............................28-5678

VALENZUELA BAEZA MIGUEL
     PRIV AND YUCATAN 44 21-4393
VALLE CARDENAS MA DEL CARMEN
     HEROES 311 CP 77010............................27-1393
VALLE VILLASEÑOR RODOLFO ING
     E AGUILAR 388 ZP 77 25-0634
VANEGAS MARIN REYNALDO LIC NOT
     P ELIAS CALLE 278.................................20-1603

B. La guía telefónica   While on a business trip to the Yucatán peninsula in Mexico, you look up the numbers of friends and business acquaintances in the phone book. As you search for their phone numbers, remember:

- Hispanics use two surnames and any number of first names.
- People are alphabetized by first surname.
- The second surname is frequently abbreviated to first letter only.
- Married women usually use given name first, (first) maiden name second, the preposition *de* and husband's first surname.
- The abbreviation *Vda.* is used for *viuda* meaning widow.

Modelo: If Nidia Medina R. marries Alejandro Cisneros Miró, her new name will be Nidia Medina de Cisneros. She will be listed in the phone book as Cisneros Nidia Medina de.

1. Use the spaces provided to record the phone numbers for the following people:

   a. María Jiménez de Calderón   23 - 8993
   b. Arturo Alvarado Rojas   26 - 3349
   c. María del Carmen Valle C.   27 - 1393
   d. Elizabeth Peraza Vda. de Calderón 25 - 3665
   e. Aníbal Urrutia R.   28 - 5678
   f. José Luis Torres G.   20 - 1386

C. Dos chicas se conocen Now let's practice reading some of the material you have been practicing in class. The following dialog between Anita and Marisa is out of sequence. Read it and put it in order.

_1_ ¡Hola! ¿Cómo te llamas?
_8_ De México, pero mi dirección aquí es la Calle de la libertad, #44.
_3_ Mucho gusto, Anita. Me llamo Marisa Arroyo Moreno.
_6_ Avenida del Sol, #58.
_2_ Soy Anita Irigoyen Clemente.
_5_ ¿Cuál es tu dirección, Anita?
_4_ Encantada, Marisa.
_7_ ¿De dónde eres, Marisa?

ESCRIBIR

Primera etapa

A. ¿Tú o Ud.? How you address someone depends upon your respective ages and the relationship you have with that person. Complete the following dialogues based on the level of formality each situation implies.

— Buenos ___días___ señorita Sanz.
— ___Buenos___ días, ___señor___ Suárez ¿Cómo ___esta usted___?
— ___Yo estoy___ bastante bien, ___gracias___. ¿Y ___usted___?
— Bien, ___gracias___. Hasta ___luego___.
— ___adios___.

(El señor Martínez abre la puerta.)
— ___Cómo esta___ Ud., señora.
— ___Muchas___ gracias, muy ___bien___.

— <u>Hola</u>, María.

— Hola, Sara. ¿<u>Cómo</u> estás?

— Bien. ¿Y <u>tú</u>?

— <u>Muy</u> bien, gracias. ¿<u>Vas tú</u> clase ahora?

— <u>Sí</u>.

— Yo también. Hasta <u>luego</u>.

— Adiós. <u>Hasta</u> luego.

— Buenas <u>días</u>, doña Elena.

— <u>Buenas días</u>, Pepe. ¿Cómo <u>estás</u>?

— Muy <u>bien</u>, gracias. ¿<u>Y tú</u>?

— <u>Muy bien</u>, gracias. ¿Tienes <u>que estudiar</u> ahora?

— <u>Sí</u>. Voy a estudiar con Luis. Con <u>Luis</u>, doña Elena.

— <u>Adiós</u>, Pepe. Hasta luego.

— <u>Hasta luego</u>.

B. Recados   Write brief notes and messages in Spanish as directed below.

Modelo: Mrs. Moreno needs to leave a note for her husband since she won't be at home when he returns from work. She explains that she is with Uncle Oscar and that he has an appointment (*una cita*) with Dr. García.

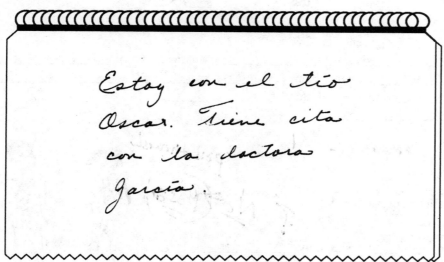

Estoy con el tío Oscar. Tiene cita con la doctora García.

1. You've got to pull an "all-nighter" to prepare for a big test. You decide to leave a note for your Hispanic roommate so that he/she won't get worried. Say that you are at the library and that you have to study for an exam (*para un examen*).

Campanero de cuarto, tía.

Estoy a la biblioteca.

Pepe Estudio para un examen.

Timoteo.

2. Mrs. Moreno needs to leave another note for her husband on the following day. This time she wants to tell him that she is with Aunt Amalia and that Pepe (their son) is at the library.

Estoy con la Tía Amalia.

Pepe está en la biblioteca.

3. A few days after your test you make an appointment to see your professor. But since your roommate was expecting to meet you for lunch, you leave a note to explain your absence. Say that you are at Welsh Hall and that you have to talk with your professor.

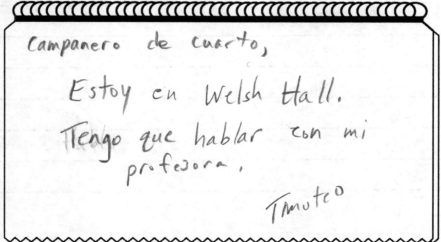

Campanero de cuarto,

Estoy en Welsh Hall.

Tengo que hablar con mi profesora.

Timoteo

4. Since Mr. Moreno can be a little forgetful, Mrs. Moreno wants to leave him a note reminding him that he has to go to the dentist (*al dentista*) at two o'clock.

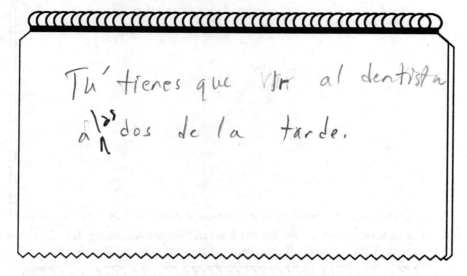

Tú tienes que ir al dentista a las dos de la tarde.

Segunda etapa

A. La vida universitaria Describe the activities on campus using elements from the columns provided. Write as many sentences as you can.

La clase de español	tener (que) *to have to*	estudiante
Los estudiantes	ser *to be*	por teléfono
Mis padres y yo	ir *to go*	a fiestas
Yo	estar *to be*	en los dormitorios
Mis amigos		interesante
Mi compañero/-a de cuarto		amigos
		inteligente

Modelo: Yo soy estudiante.

La clase de español es interesante.

Los estudiantes son amigos

Mis padres y yo vamos a fiestas.

Yo tengo que ser inteligente.

Mis amigos van a fiestas en los dormitorios

Mi compañero de cuarto es inteligente.

Yo estoy en los dormitorios.

B. De viajes Help your Latin American friends fill out their luggage tags as they get ready to return to their native countries. Be careful, because the information they gave you may be out of order. Write the last name first, and remember that the house/apt. number follows the street address.

Miguel Angel Cruz Domínguez
Panamá
#557 Avda. Simón Bolívar
Ciudad de Panamá

María Elena Alfonso Gómez
Costa Rica
#290 Calle Central
San José

Berta González Campos
Puerto Rico
#183 Río Hondo
Bayamón

José Luis Hurtado Delfino
#1033 Avda. 5 de mayo
México
Jalisco
Guadalajara

✈ EASTERN

NOMBRE
Domínguez, Angel Cruz Domínguez
DIRECCION
Avda. Simón Bolívar, #557
CIUDAD   ESTADO-PROVINCIA
Ciudad de Panamá   Panamá
TELEFONO   ZONA POSTAL

aeroméxico

NOMBRE
Campos, Berta González
DIRECCION
Río Hondo, # 183
CIUDAD   ESTADO-PROVINCIA
Bayamón   Puerto Rico
TELEFONO   ZONA POSTAL

aeroméxico

NOMBRE
Gómez, María Elena Alfonso
DIRECCION
Calle Central, # 290
CIUDAD   ESTADO-PROVINCIA
San José   Costa Rica
TELEFONO   ZONA POSTAL

✈ EASTERN

NOMBRE
Delfino, José Luis Hurtado
DIRECCION
Avda. 5 de mayo, # 1033
CIUDAD   ESTADO-PROVINCIA
Jalisco,   Guadalajara, México
TELEFONO   ZONA POSTAL

C. **En la clase de español**   Use the verbs *tener, tener que, estar, ser* and *haber (hay)* to complete the sentences that describe the activities in your Spanish class.

1. Nosotros _____tenemos_____ 2 libros para esta clase.
2. _____Hay_____ 18 estudiantes.
3. La profesora _____es_____ de Chile.
4. Los estudiantes _____tienen que_____ estudiar mucho.
5. No _____tengo_____ muchos exámenes.
6. Los libros _____son_____ verdes y blancos.
7. La clase _____es_____ a las 9:05.
8. Mis amigos y yo no _____estamos_____ aburridos en la clase.
9. Nosotros _____estamos_____ en el laboratorio los lunes.
10. Yo _____tengo_____ que estar en la clase los lunes, martes, miércoles y viernes.

Tercera etapa

A. **¿Quién soy yo?**   Complete the following with information about yourself.

1. Vivo en _____una apartamento_____.
2. Soy de _____Tennessee_____.
3. Estudio _____español,_____.
4. Tengo que _____ir a clase_____.
5. Mañana voy a _____clase_____.
6. Mi familia es de _____Tennesse_____.
7. Mi color favorito es el _____azul_____.

B. **Los cheques**   Your boss has just returned from a business trip and given you the hotel bills he wants you to pay by check. In order to expedite matters, he asks you to use the checking accounts he has in each of the specified countries. Be careful as you write the checks because the currency will vary. The dates are given as day/month/year.

Modelo: Gran Hotel Bolívar-Lima, Perú—I/81.00 (intis)—20/5/89

Banco Nacional de Perú

SERIE A-30

09

CHEQUE NO 0001

Lima   **20/5**   de 19 **89**   I/ **81.00**
ciudad   fecha

páguese
a la orden de _Gran Hotel Bolívar_

la suma de _Ochenta y un intis_

Jane Doe

1:0001 0001 000506689

---

1. Hotel Don Carlos-San José, Costa Rica—₡ 96.00(colones)—1/6/89

Banco Nacional de Costa Rica

SERIE A-30

CHEQUE NO **1023**

01

San José   1/6   de 19 89   ₡ 96.00
ciudad   fecha

páguese
a la orden de ____ Hotel Don Carlos _____

la suma de ____ Noventa y seis   colones _____

_____

_____ Jane Doe _____

⑈0001 0001 000305961

2. Hotel El Conquistador-Santiago de Chile—$77.56 (pesos/centavos)—17/6/89

Banco Nacional de Chile

SERIE A-30

CHEQUE NO **109**

22

Santiago   17/6 de 19 89 $ 77.56
ciudad   fecha

páguese
a la orden de ____ Hotel El Conquistador _____

la suma de ____ Setena y siete pesos _____

____ cincuenta y seis centavos _____

_____ Jane Doe _____

⑈0001 0001 000303252

3. Hotel Copacabana-Acapulco, México—$90.64 (pesos/centavos)—28/6/89

Banco Nacional de México

SERIE A-30

CHEQUE NO **242**

10

Acapulco   28/6   de 19 89 $ 90.64
ciudad   fecha

páguese
a la orden de ____ Hotel Copacabana _____

la suma de ____ Noventa pesos _____

____ Sesenta y cuatro centavos _____

_____ Jane Doe _____

⑈0001 0001 000340917

C. Postales
Complete the following postcards with appropriate words from the list provided.

casa   que   estoy   tienen   hablan
tíos   inglés   vecinos   los

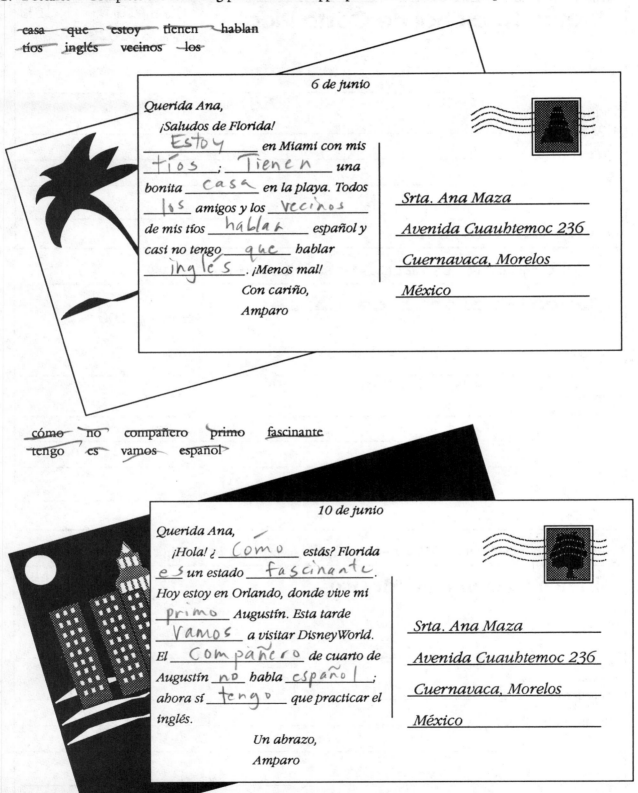

6 de junio

Querida Ana,

    ¡Saludos de Florida!

__Estoy__ en Miami con mis __tíos__; __Tienen__ una bonita __casa__ en la playa. Todos __los__ amigos y los __vecinos__ de mis tíos __hablan__ español y casi no tengo __que__ hablar __inglés__. ¡Menos mal!

    Con cariño,
    Amparo

Srta. Ana Maza

Avenida Cuauhtemoc 236

Cuernavaca, Morelos

México

cómo   no   compañero   primo   fascinante
tengo   es   vamos   español

10 de junio

Querida Ana,

    ¡Hola! ¿__Cómo__ estás? Florida __es__ un estado __fascinante__. Hoy estoy en Orlando, donde vive mi __primo__ Augustín. Esta tarde __vamos__ a visitar DisneyWorld. El __compañero__ de cuarto de Augustín __no__ habla __español__; ahora sí __tengo__ que practicar el inglés.

    Un abrazo,
    Amparo

Srta. Ana Maza

Avenida Cuauhtemoc 236

Cuernavaca, Morelos

México

ESCUCHAR

A note on the pronunciation of Spanish

There is a very tight fit between the spelling and the pronunciation of Spanish. You will find that with practice even when you see an unfamiliar word you will be able to pronounce it correctly. Remember that most Spanish sounds do not have an exact equivalent in English, so that even words that are spelled exactly the same in both languages may sound very different. The best way to learn Spanish pronunciation is to listen to your instructor and to the tapes that accompany *Entradas*.

Pronunciación

Los sonidos vocálicos   Spanish vowels are generally short and tense and their pronunciation is relatively unchanging:

> **a** as in "father"
>
> **e** as in "hey," but short and without the glide
>
> **i** as in "machine," but short and tense
>
> **o** as in "core," but short and without the glide
>
> **u** as in "tutu," but short and tense

For the most part, there are no silent vowels in Spanish. Pronounce these expressions, paying special attention to the vowels that are not stressed:

1. La casa es de Ana.
2. La profesora de español es alta.
3. Alvaro García estudia historia.
4. El señor Pérez es un profesor excelente.
5. Pepe entiende español.
6. Entiende alemán también.
7. Es importante escribir todos los días.
8. Leímos cinco libros.
9. Juanito y Viviana viven aquí.
10. ¿Cómo estás, Paco?
11. Aprendo español poco a poco.
12. Pancho es un poco loco.
13. Estudio música en la universidad.
14. Lucho sabe mucho del Perú.
15. Buscamos un lugar para estudiar.

A. La vida diaria You will hear a series of six brief conversations. Write the number of the conversation below the picture to which it best corresponds.

Nombre _____   Fecha _____

B. ¡Teléfono!   You are living with a family in Spain, the Morenos. You are the only one at home this afternoon, and the phone won't stop ringing. The callers (Spanish speakers, all) will ask for *señor* or *señora* Moreno, then they will say their names and leave their phone numbers. Complete the memos provided with the necessary information so that the Morenos can return their calls. Remember that these callers will have more than one surname and will give their phone numbers in pairs of numbers.

Recado para:
Señor Morenos

Favor de llamar a:
Castro

Nº de teléfono:
714 3902

Recado para:
Señora Morenos

Favor de llamar a:
Roberta García Silva

Nº de teléfono:
630 1118

Recado para:
Señor Morenos

Favor de llamar a:
Sarah Peña

Nº de teléfono:
875 6984

Recado para:
Señora Morenos

Favor de llamar a:
Hose Victor Rohios

Nº de teléfono:
296 5741

Recado para:
Señora Morenos

Favor de llamar a:
Carmen Flora Sanchez

Nº de teléfono:
518 3370

C. Mi familia   María is showing her family album to you. Listen as she explains the pictures to you. Then write down in English the essential information you've been told about each picture in the spaces provided. You will hear each description twice.

1. relationship: _____ abuela, Alisa Gonzale
2. nationality: _____ venezolano ?
3. current residence: _____

1. relationship: _Primo Paco_
2. nationality: _Columbia_
3. current residence: _California_

1. name: _Diana_
2. relationship: _Tía_
3. characteristics: _she is nice, & lives in a small apartment_

1. name: _Miguel_
2. relationship: _brother_
3. current residence: _a white house in San Juan, Puerto Rico_

1. relationship: _Father_
2. profession: _Spanish teacher_
3. he speaks: _french, german & english_

D. Entrada de extranjeros   Listen as foreigners register at the Hotel Luz Palacio in Madrid. Complete the forms below with the information you discover about each guest. You will hear each dialog twice. [Note: You will hear the year of birth given this way: (1960) *mil novecientos sesenta*.]

ENTRADA DE EXTRANJEROS   Nº 842528

APELLIDOS 1.º Jones   NOMBRE Thomas
2.º
FECHA DE NACIMIENTO 20 / 5 / 45
NACIONALIDAD ACTUAL Norte americano
LUGAR DE NACIMIENTO Miami, FL
PASAPORTE N.º 1160 25 83 EXP. EN
.... de Nov. de 19 46
ESTABLECIMIENTO .... Firma,
DOMICILIO ....

HOTEL LUZ PALACIO
P.º Castellana, 57
28046 MADRID

ENTRADA DE EXTRANJEROS   Nº 842528

APELLIDOS 1.º Mosier   NOMBRE Heidi
2.º
FECHA DE NACIMIENTO 11 / 10 / 52
NACIONALIDAD ACTUAL German
LUGAR DE NACIMIENTO Frankfort, Germany
PASAPORTE N.º 7142 39 18 EXP. EN
.... de Feb. de 19 85
ESTABLECIMIENTO .... Firma,
DOMICILIO ....

HOTEL LUZ PALACIO
P.º Castellana, 57
28046 MADRID

ENTRADA DE EXTRANJEROS   Nº 842528

APELLIDOS 1.º Johnson   NOMBRE Michael
2.º
FECHA DE NACIMIENTO 6 / 6 / 60
NACIONALIDAD ACTUAL English
LUGAR DE NACIMIENTO London, England
PASAPORTE N.º 96 2073 68 EXP. EN
.... de March de 19 88
ESTABLECIMIENTO .... Firma,
DOMICILIO ....

HOTEL LUZ PALACIO
P.º Castellana, 57
28046 MADRID

ENTRADA DE EXTRANJEROS   Nº 842528

APELLIDOS 1.º Fuerte   NOMBRE Anna
2.º Roman
FECHA DE NACIMIENTO 7 / 7 / 70
NACIONALIDAD ACTUAL Mexican
LUGAR DE NACIMIENTO Mexico City
PASAPORTE N.º 8 1531 0 29 EXP. EN
.... de Jan de 19 86
ESTABLECIMIENTO .... Firma,
DOMICILIO ....

HOTEL LUZ PALACIO
P.º Castellana, 57
28046 MADRID

E. La geografía de España   You will hear a Spanish professor giving an introductory lesson on the geography of Spain to her class. Using the information provided in the lecture, label the map below. Write in the appropriate location the number of the corresponding country, island or city.

1. Portugal
2. las Islas Baleares
3. Francia
4. Madrid
5. Barcelona
6. Granada
7. Santander

Tim—
Good work
100%!

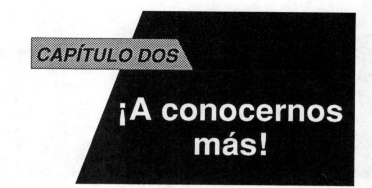

¡A conocernos más!

LEER

A. ¿A qué hora? Over the next few pages you will see three different kinds of timetables. Refer to them as you complete this exercise.

1. Scan Items 1, 2, and 3 quickly to find the answers to the following questions.

a. What means of transportation is featured in each item?

Item 1 ___ship___

Item 2 ___airplane___

Item 3 ___train___

1

MINI CRUCEROS POR LA COSTA DEL SOL

SUPER BONANZA

TODOS LOS DIAS   EVERY DAY
A   TO
FUENGIROLA, MARBELLA, PUERTO BANUS
SALIDA DESDE: / DEPARTURE FROM:
PUERTO DE BENALMADENA
A LAS / AT = 10 h.
LLEGADA A LAS / ARRIVAL AT
19.30 h.

HORARIOS - TIME TABLE

SALIDAS DEPARTURES	LLEGADAS ARRIVALS
Pto. Benalmádena 10.00 h.	Fuengirola 10.30 h.
Fuengirola 10.45 h.	Marbella 12.45 h.
Marbella 13.00 h.	Puerto Banús 13.30 h.
Tiempo libre 2.30 h. Time free 2.30 h.	
Puerto Banús 16.00 h.	Marbella 16.30 h.
Marbella 16.45 h.	Fuengirola 18.45 h.
Fuengirola 19.00 h.	Benalmádena 19.30 h.

PRECIOS - PRICES
IDA Y VUELTA - RETURN

Benalmádena	Fuengirola . .	600 ptas
	Marbella . . .	1.700 ptas
	Banús	2.100 ptas
Fuengirola	Marbella . . .	1.400 ptas
	Banús	1.700 ptas
Marbella	Banús	600 ptas

Sólo ida - Single . . .50%
Niños - Children . . .50%

INFORMACION:
En su hotel o agencia de viajes

San Miguel
NATURALMENTE

Información y Reservas:
Information and Reservation:
Tel. 38 29 37 - 38 55 00

b. What cities are serviced by these firms?

Item 1 _Fuengirola, Marbella, Puerto Banús_

Item 2 _Malaga, Paris_

Item 3 _Madrid-Chamartin, Burgos, Burdeos, Paris - Austerlitz_

2. Now look at each timetable more closely and answer these questions. Notice that the times of departure and arrival are calculated with the 24-hour clock.

a. In Item 1 what time does the mini-cruise leave Puerto Benalmádena? _10.00 (10 am)_ According to the table, what time does the ship arrive at Puerto Banús? _19.30 (7:30 pm)_ How would this arrival time be stated according to the 12-hour clock? _7:30 pm_. How long would cruise passengers get to spend at Puerto

3

Puerto Benalmádena

PARIS
3 vuelos semanales

Del 29 de Marzo al 26 de Junio

AF 540			HORAS LOCALES	AF 541		
B 727	B 727	AIRBUS		AIRBUS	B 727	B 727
Viernes	Sábado	Domingo		Domingo	Sábado	Viernes
19,55 C	**12,50** A	**19,55** C	**MALAGA**	▲ 18,50 R	11,50 R	18,50 R
22,15	15,10	22,15	**PARIS** (Orly Sud.)	16,30	09,30	16,30

Del 27 de Junio al 26 de Septiembre

AF 540			HORAS LOCALES	AF 541		
B 727	AIRBUS	AIRBUS		AIRBUS	AIRBUS	B 727
Viernes	Sábado	Domingo		Domingo	Sábado	Viernes
19,55 C	**15,15** R	**19,55** C	**MALAGA**	▲ 18,50 R	14,10 A	18,50 R
22,15	17,35	22,15	**PARIS** (Orly Sud.)	16,30	11,50	16,30

Del 27 de Septiembre al 24 de Octubre

AF 540			HORAS LOCALES	AF 541		
B 727	B 727	AIRBUS		AIRBUS	B 727	B 727
Viernes	Sábado	Domingo		Domingo	Sábado	Viernes
19,55 C	**12,50** A	**19,55** C	**MALAGA**	▲ 18,50 R	11,50 R	18,50 R
22,15	15,10	22,15	**PARIS** (Orly Sud.)	16,30	09,30	16,30

A. Almuerzo.   R. Té, merienda, desayuno.   C. Cena.
Bebidas gratuitas en clase económica, incluido el champagne.

AIR FRANCE

París-Madrid
Talgo

SNCF Ferrocarriles Franceses

Talgo

Couchat

HORARIO HASTA EL 30-V-87

19,40	Madrid · Chamartín	8.55
22,21	Burgos	6,10
4,16	Burdeos	0.25
8,48	París · Austerlitz	20,00

PRECIO POR PERSONA EN PESETAS HASTA EL 31-X-87

	Precios en ptas., incluido suplemento cama y desayuno					Precios en ptas., incluyendo suplem. cama	
	PARIS					BURDEOS	
	Adultos		Niños		T RES	Adultos	
	Ida	I. y V.	Ida	I. y V.	I. y V.	Ida	I. y V.
Individual	34.600	65.800	28.900	55.300	58.150	26.600	52.300
Doble	24.950	45.500	19.250	35.000	37.850	17.400	32.350
Turista	16.300	28.050	12.600	21.450	23.850	11.400	19.900

Precios especiales para familias con la tarjeta REF.
Estos precios pueden sufrir variaciones sin previo aviso.
Este Talgo de suspensión pendular dispone solamente de camas de 1.ª y 2.ª clase en individual, doble o turista (4 personas en el mismo departamento), un restaurante y un bar.

Banús before starting the return trip? __2,30 h.__ . What time does the ship re-dock at Benalmádena? __19.30 h.__ .

b. In Item 2 how many flights are offered between Paris and Málaga each week? ___tres___ . On what days are flights available? __Viernes, Sabado, y Domingo (Fri, Sat, & Sun.)__ . What is the most common kind of food or beverage service offered to the passengers on flights from Málaga to Paris? __Cena__ . And on flights from Paris to Málaga? __merienda, desayuno__

Imagine that you are vacationing in Europe during the early part of July. After spending a week in southern Spain, you decide to fly to Paris. What time will your Saturday flight leave Málaga? __15,15 or (3:15 pm)__ . What time will it arrive in Paris? __17,35 or (5:35 pm)__ . How long does the trip take? __2,20 h.__ . or 2 hr & 20 min

c. Now examine Item 3 to find the answers to these questions. Let's imagine a slightly different vacation scenario. This time you have spent a week touring the sights of central Spain before visiting Paris. Instead of flying to Paris, you decide to try the super-fast Talgo trains.

What time will your train depart from Madrid for Paris? __19,40__ . How many intermediate stops will be made between Madrid and Paris? __dos__ . What time will you finally arrive in Paris? __8,48__ . How long does this trip take? __13,08 h.__ .

The prices for this trip are given in *pesetas* (abbreviated here as *ptas.*) and categorized in various ways. Locate and write here the Spanish words which indicate the rates for the following:

adultos ← adults __Individual, Doble, Turista, Ida, I. y V.__
Niños ← children __Individual, Doble, Turista, Ida, I. y V.__
Individual ← single compartment __Adultos, Niños, TRES, Ida, I. y V.__
Doble ← double compartment (two to a compartment) __Adultos, Niños, TRES, Ida, I. y V.__
turista ← tourist class __Adultos, Niños, TRES, Ida, I. y V.__

Now locate the two fares for Paris listed for an adult travelling alone and write them here: __34,600__ and __65,800__ . Since the second fare is about double the first one, can you guess at the meanings of the columns labeled *Ida* and *I. y V. (Ida y Vuelta)*? __roundtrip__ .

B. Las clases   A classmate, a business major who will be studying at the Universidad EAFIT in Colombia next semester, asks your assistance in selecting his classes in Colombia. Use the course information on page 24 to help him design an appropriate class schedule.
As you study the information provided, you will notice that:

1. the top heading provides useful information that is abbreviated, such as HOR *(hora)*;
2. classes meet two or three times a week;
3. the hours are given using the 24-hour schedule or "military time";
4. "W" is the abbreviation for *miércoles* instead of "M," which is the abbreviation for *martes* .

Read the following requirements and constraints carefully and record the courses you select in the spaces provided. There may be more than one correct answer.

He needs the following courses:

1. Spanish
2. Finance II
3. Statistics I
4. Accounting II
5. Microeconomics

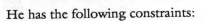

He has the following constraints:

1. He does not like the eight o'clock classes.
2. He has to attend afternoon lectures on Monday and Wednesday afternoons (4 p.m.).
3. He prefers not to have any classes on Fridays so he can travel in Colombia.

NOMBRE DE LA ASIGNATURA	CÓDIGO	GR	CR	IS	HB	SUF	HOR	DÍAS	AULA
DEPARTAMENTO CONTRALORIA Y FINANZAS									
CONTABILIDAD 2	CF12	21	04	5	H	S	12	LW	152
CONTABILIDAD 2	CF12	22	04	5	H	S	10	MJ	146
CONTABILIDAD 2	CF12	23	04	5	H	S	13	MJ	155
FINANZAS 1	CF41	21	04	4	H	S	06	MJ	147
FINANZAS 1	CF41	41	04	4	H	S	08	LW	148
FINANZAS 2	CF42	21	04	4	H	S	17	MJ	147
FINANZAS 2	CF42	22	04	4	H	S	08	MJ	155
FINANZAS 2	CF42	41	04	4	H	S	08	LW	152
DEPARTAMENTO ECONOMÍA									
ECONOMÍA 1 (MICROECONOMÍA)	EC41	21	04	4	H	S	10	MJ	144
ECONOMÍA 1 (MICROECONOMÍA)	EC41	22	04	4	H	S	15	MJ	151
ECONOMÍA 1 (MICROECONOMÍA)	EC41	23	04	4	H	S	10	LW	153
ECONOMÍA 1 (MICROECONOMÍA)	EC41	41	04	4	H	S	19	MJ	127
ECONOMÍA 2 (MACROECONOMÍA)	EC42	21	04	4	H	S	17	MJ	084
ECONOMÍA 2 (MACROECONOMÍA)	EC42	22	04	4	H	S	17	LW	146
ECONOMÍA 2 (MACROECONOMÍA)	EC42	23	04	4	H	S	10	MJ	124
DEPARTAMENTO LENGUAS									
ESPAÑOL	LE10	21	03	4	H	S	06	MJ	158
ESPAÑOL	LE10	22	03	4	H	S	15	MJ	145
ESPAÑOL	LE10	31	03	4	H	S	17	MJ	125
ESPAÑOL	LE10	32	03	4	H	S	15	MJ	128
ESPAÑOL	LE10	61	03	4	H	S	08	MJ	083
DEPARTAMENTO MÉTODOS CUANTITATIVOS									
ESTADÍSTICA 1	MC11	21	04	5	H	S	08	LWV	124
ESTADÍSTICA 1	MC11	22	04	5	H	S	10	MWJ	122
ESTADÍSTICA 1	MC11	23	04	5	H	S	06	LWV	144
ESTADÍSTICA 1	MC11	41	04	5	H	S	15	MJV	126
ESTADÍSTICA 2	MC12	21	05	6	H	S	08	LMJ	126
ESTADÍSTICA 2	MC12	22	05	6	H	S	10	LMJ	147
ESTADÍSTICA 2	MC12	41	05	6	H	S	10	MJV	126

Your recommendations:

	curso	hora	días
1.	FINANZAS 2	17	MJ
2.	ESPAÑOL	15	MJ
3.	CONTABILIDAD 2	12	LW
4.	ESTADISTICA 1	10	MWJ
5.	ECONOMÍA 1	19	MJ

C. Leer el periódico   When sports are imported from a country with a different language, people quickly discover that the vocabulary necessary to describe the activities and the equipment does not exist. Frequently, the vocabulary used in the country where the sport originated is adapted in its original form or with minor spelling changes.

1. The following headlines taken from the sports section of Spanish newspapers include the names of sports in their original forms in English, or with minor changes. Can you guess what they are?

   a. _boxing_
   b. _Volleyball_
   c. _sking_
   d. _Auto RAcing_
   e. _basketball_

a
Preocupa a Resnick futuro del boxeo

b
Brasil y Cuba, ganadores del Mundial de Volibol

c
Esquí: el segundo descenso, para el suizo Zurbriggen

d
Automovilismo: hoy, el Gran Premio de Austria de F-1

e
65,000 esperan hoy en el final de basketball

2. The suffix *-dor/-dora* is used to describe a characteristic or to identify an occupation/profession. For example:

Modelo: *hablar* (to speak) ....*hablador/-a* (talker/chatterer)
         trabajar (to work) ....*trabajador/-a* (hard worker)

   a. If *ganar* means to win then *ganador/-a* means ___Winner___.

   b. Examine the headline ***Brasil y Cuba, Ganadores del mundial de volibol.*** What does it say about Brasil and Cuba? ___Winners off Worldwide Volleyball___.

   c. Sometimes new words are created to describe sports using a combination of the language of the country where the sport originated and the language of the country that adopts it.

   For example, in the following headline *bateador* is used to describe a ___batter___ in baseball.

George Bell, un bateador sin fortuna

d. When new words are created, liberty is often taken with their spelling so they will sound like their counterparts. Use this information and the use of the suffix -*dor* to (1) guess the sport used in the headline below, and (2) guess the meaning of the word *noqueador*.

Hagler ha sido el primer noqueador mediano

Sport ___boxing___

What is the English equivalent of *noqueador*? ___knockout___

e. Sometimes it is helpful to say unfamiliar word(s) out loud in Spanish. The word *jonrones*, in the head-line that follows, is such an example. Say it out loud several times and try to identify the sport where it is used.

Jonrones de Nettles dan triunfo a Atlanta

Sport ___baseball___

What is the English equivalent of *jonrones*? ___homerun___

D. Las actividades de la familia Peña The Peña family is vacationing in Perú. The following ads have caught their attention as they determine how to spend their time. Read the ads carefully and (1) identify the activity/event advertised, and (2) name the intended audience.

	activity	audience
1.	swimming lesson	adults & children
2.	museum	adults & children
3.	dance club & restaurant	adults
4.	Bar	adults
5.	Gymnasium/Heath Club	adults

E. Who will go where? Read the following descriptions of the Peñas and select an appropriate activity for each person from those advertised. (There may be more than one possible answer.)

1. El Sr. Peña viaja mucho. Le gusta conocer la cultura de otros países. Baila como Fred Astaire.
   _____3____2____

2. La Sra. Peña es profesora de música. También le gusta el baile. ____3_____

3. Rafael Peña es el hijo mayor. Estudia geología. Le gusta salir y conocer a otros estudiantes.
   _____4_____

4. Silvia Peña es la única hija. Le fascina hacer ejercicio. _____5_____

5. Rolando Peña es el hijo menor. Acaba de aprender a nadar. _____1_____

6. ¿Y tú? _____4_____

ESCRIBIR

Primera etapa

A. Tu horario Fill in the chart on page 28 with Spanish words and phrases to indicate your usual weekly schedule. Include your classes, meals, study time, work hours, and any other regularly-scheduled practices or appointments.

	lunes	martes	miércoles	jueves	viernes	sábado	domingo
8:00	clase de español	clase de español	clas de español	clase de español	clase de español	Dormirme	Dormirme
9:00	''	''	''	''	''	''	''
10:00	Estudio mí Architecture	Estudio mí Architecture	Estudio mí Architectura	Estudio mí architecture	Estudio mí Architecture	''	''
11:00	Como mí almuerzo	''	como mí almuerzo	''	Como mí almuerzo	''	''
12:00	clase de Architecture Design	''	clase de Architecture Design	''	Clase de Architecture Design	levantarme	levantarme
13:00	''	''	''	''	''	Como mí desayuno	Como mí desayuno
14:00	''	''	''	''	''	Estudio mí Architecture	Estudio mí architecture
15:00	''	''	''	''	''	''	''
16:00	''	''	''	''	''	''	''
17:00	''	''	''	''	''	''	''
18:00	Como mía cena	Como mía Cena	Como mía cena	como mía cena	Como mía Cena	Como mía cena	Como mía cena
19:00	miro "Skyscrapers"	miro la televisión	juego béisbol	miro la televisión	miro la televisión	Estudio mí architecture	Estudio mí architecture
20:00	miro la televisión	''	''	Estudio mí español	''	''	miro "Simpsons"
21:00	Estudio mí español	Estudio mí español	Estudio mí español	Miro "Cheers"	''	''	Estudio mí español
22:00	Corro	Corro	Corro	Corro	Corro	Corro	Corro

B. ¡Fiesta!   A friend, a social director for a club in Miami, Fla., is in charge of sending out invitations for upcoming events. She asks for your assistance in completing the following invitations. Using the information in the following three situations, fill in the necessary facts on the invitations. Don't forget to write it all in Spanish!

1

¡Nos vamos a divertir!
¡Pregúntale a tu mamá
Si tú puedes asistir!

★ ★ ★

January 20th
2-3:30 p.m.
Avenida del Sol #115
Margarita Campos

Fecha _veinte de enero_

Desde _14,00_ hasta _15,30_

Dirección _Avenida del Sol #115_

Nombre _Margarita Campos_

March 5th
8 p.m.
Avenida el Prado # 28
Hugo y Dora Suárez

2

Tenemos especial
placer en invitarle
a una amena fiesta,
que se efectuará
en nuestro hogar.

Fecha _Cinco de Marzo_

Hora _20,00_

Dirección _Avenida el Prado # 28_

Por _Hugo y Dora Suárez_

los señores Moreno
hija *(daughter)*, Luz María de los Angeles
José Luis Franco Rivera
Santa Catalina
February 14th
4 p.m.
Calle de la Libertad # 100

3

El Señor y la Señora
_____
Moreno
_____
solicitan el honor de su

presencia en la boda de su

hija, Luz Maria de los Angeles
_____
con

José Luis Franco Rivera
_____
que se celebrará en la

Iglesia: ___ Santa Catalina _____

Fecha: ___ catorce de febrero _____

Hora: ___ 16,00 _____

Dirección: ___ Calle de la Libertad # 100 ___

C. A escribir Use the space provided on page 31 to write a postcard to your high-school Spanish teacher. Be sure to:

1. greet and ask how he/she is
2. tell him/her what classes you are taking this semester
3. say what days and times your Spanish class meets
4. mention two activities you do in class
5. say whether it is difficult or easy

Hola Debbie,
   Yo estudio el español
y (Architecture Design)
durante el semestre. Yo
estudio el español a las
ocho hasta nueve y media
en Lunes, Martes, Miércoles,
Jueves, y Viernes. Nosotros
escuchamos y Hablamos en
mi clase. Mi clase es muy
dificil.   Adios, TM

Segunda etapa

A. Para las vacaciones   You are writing a letter in Spanish to your Venezuelan pen pal. At one point in the letter, you discuss your plans for an upcoming break or vacation *(para las vacaciones)*. Write that portion of your letter below. Include the following information:

1. where you are going and when
2. what you plan to do there for fun
3. who/what you hope to see
4. any important tasks you have to take care of

Voy a Orlando y Miami en Agosto. Yo deseo
ir Disneyworld, Epcot Center, Disney /MGM studios,
Typhoon Lagoon, y Universal studios.
Yo espero ir Minnie Mouse. Yo pienso
comer, tomar, y bailar.

B. ¿De dónde eres? You decide you want a Spanish pen pal. The company that matches up people sends you the following questionnaire to complete in Spanish.

CUESTIONARIO

1. ¿De dónde eres? _Estoy de los Estados Unidos._

2. ¿Dónde vives? _Vivo en un apartamento_

3. ¿Qué estudias este semestre? _Estudio el español y Architecture._

4. ¿En qué te especializas? _Especializarme en Architecture._

5. ¿Qué esperas hacer en el futuro? _Yo esperas practicar Architecture en el futuro._

6. ¿Cuáles son los deportes que más te gustan? _Me gustan jugar el futból americano y el tenis._

7. ¿Qué música te gusta? _Me gusta el rock._

8. ¿Qué te gusta hacer los fines de semana? _Me gusta dormir las fines de semana._

9. ¿Qué programas de televisión miras? _Miro el (Simpsons) y el (cheers) en la televisión._

10. ¿Qué libros lees cuando tienes tiempo? _Leo libros de Stephen King cuando tengo tiempo._

C. Hoy Following is an excerpt from Alicia de San Martín's diary. Complete each blank by choosing the verb that best fits the context and writing it, in its appropriate form, in the blank. Some of the verbs may be used more than once.

acabar _to finish_	gustar _to like_	practicar _to practice_	ver _to see_
comer _to eat_	hablar _to speak_	salir _to leave_	vivir _to love_
correr _to run_	ir _to go_	ser _to have_	
estudiar _to study_	odiar _to hate_	tener _to have_	

Diario

to pass
↓

(Yo) **Estudio** de pasar mi primera semana en la universidad. Primero estaba nerviosa, pero ahora no. Me **gusta** mucho la universidad—los profesores y mis compañeros de clase **son** muy amables.

Mi compañera de cuarto, Elena, **está** de México. (Ella y yo) **vivimos** en una residencia bastante cómoda; **comemos** en una cafetería muy cerca de la residencia. ¡Elena y yo **somos** tan diferentes! Ella **practica** el tenis y **corro** en maratones mientras que yo **odio** el ejercicio. Pero todo eso no tiene mucha importancia. Ya somos buenas amigas. Por la tarde, después de las clases, (ella y yo) **miramos** la televisión un poco o **hablamos** de nuestras experiencias aquí en los Estados Unidos.

Mañana voy a **come** con un chico interesante—César Vaquer. César **es** inglés y educación elementaria aquí. (Él y yo) **Gusta** a bailar en un club con algunos de sus amigos. Es una buena oportunidad para mí porque (yo) **Me Gusta** muchas ganas de practicar el inglés.

Tercera etapa

A. ¿Qué necesito? During your internship with a company in Argentina you are called upon to help plan the receptions for an important all-day business meeting. You need to order the beverages for the morning coffee break and the afternoon wine-and-cheese reception for 100 people. Write here a list of the items you need to order from the caterer. Be sure to include numbers (_para _____ personas_) for all the beverages.

- los café para cien personas
- cien las tazas
- las creama para café para cien personas
- los vinos tinto para cincuenta personas
- los vinos blanco para cincuenta personas
- cien vasos para vino
- los quesos para cien personas
-

B. Yo soy... Since you are having trouble meeting people, you decide to sign up with a dating service. One of the first requirements is that you write a paragraph about yourself. You might want to include:

1. city, state and country of origin
2. physical characteristics
2. personality traits
4. occupation
5. likes/dislikes—music, sports, television, books, magazines, etc.
6. places you want to travel to
7. future plans

1 Estoy de Nashville de Tennesee de los Estados Unidos.
2 Soy alto y delgado.
3 Soy amable y simpático.
4 Soy el estudiante.
5 Me encanta hablar el español.
6 Yo desea ir Alemania, España, Francia, Inglaterra, y Italia.
7 Yo desea trabajar por un Architecture firm.

C. Un día normal para Margarita. In the paragraph below Margarita, a student from Puerto Rico, describes what her daily schedule is like. Complete each blank by selecting a verb from the list that follows and writing its appropriate form in the space. Not all the verbs will be used.

comer to eat decir to say ir to go salir to leave tomar to take a course (or drink
conducir to drive gustar to like odiar to hate ser to be traer to bring
conocer to be fam. or aquanted with hacer to do poner to put or place tener to have ver to see

¿Un día normal para mí? Pues, primero, ___pongo___ mi cuarto en orden y luego ___salgo___ de mi casa a las siete y cuarto de la mañana. ___Como___ el desayuno en un bar que está cerca de mi casa. Después de la clase de inglés ___voy___ a mi clase de álgebra. ¡Me gustan las matemáticas! No _____ nada en clase porque _____ fatal para esa materia. Después de la clase, si ___veo___ a mis amigos, vamos a la cafetería para tomar merienda. A veces ___tengo___ un sándwich o un poco de fruta de casa y ___como___ con mis amigos en el parque. Por la tarde, claro, ___hago___ mi tarea para el día siguiente. No tengo mucho tiempo libre para diversiones.

ESCUCHAR

Pronunciación

Las consonantes p, t, y el sonido [k]   The sounds [p], [t] and [k] in Spanish are pronounced without the puff of air, called aspiration, that they often have in English. The [t] sound is pronounced by placing the tongue against the upper teeth rather than against the bone ridge above the teeth as in English. In spelling, the [k] sound is represented by the letter c before consonants and the vowels **a**, **o** and **u**, and by **qu** before **e** and **i**.

Listen to the following sentences and repeat them, being careful not to aspirate the sounds [p], [t] and [k].

1. Mi papá tiene siete pesos.
2. Tamara toca el piano todos los días.
3. Carlos tiene tres corbatas y cuatro camisas.
4. ¿Qué tiempo hace en Quito?

Las consonantes b, v   These consonants are pronounced exactly the same in Spanish. At the beginning of a sentence, after a pause, and after the letters **m** and **n**, they are pronounced very much like the English [b]. Listen to the following sentences and repeat them.

1. Vamos a un baile.
2. El embajador es un buen hombre.
3. Pasé un verano en Venezuela.

In other positions, the letters **b** and **v** are pronounced [ß]: a sound that does not occur in English, but that is "halfway between" a [b] and a [v]. If you start to make a [b] sound, but do not quite let your lips close, you'll be on the right track. Listen to the following sentences and repeat them, being careful not to let your lips close entirely.

1. Marta vive en Ávila.
2. Ella viene los viernes.
3. Elvira bebe mucho vino.

Actividades

A. Por favor, ¿a qué hora...?   In the following telephone conversations you will hear a tourist inquiring about the opening and closing times of various establishments in Barcelona, Spain. Write down the times you hear next to the name of the museum, store, etc. Note that many establishments may close in the afternoon during "siesta" time, so you may hear **two sets** of opening and closing items for the same day. If it is not open on one of the days listed, simply write *cerrado* (closed) in the space provided.

1. Monasterio de Pedralbes
   martes-domingo _____ 10 – 1 _____
   lunes _____ cerrado _____

2. Museo Arqueológico
   martes-sábado por la mañana _____ 9:30 – 1 _____
   martes-sábado por la tarde _____ 4 – 6 _____
   domingo _____ 9:30 – 2 _____
   lunes _____ cerrado _____

3. El Corte Inglés *(una tienda)*
  lunes-sábado _____ 9 am - 8 pm _____
  domingo _____ cerrado _____

4. Metamórfosis (una discoteca)
  sesión de la tarde _____ 6pm - 10:30pm _____
  sesión de la noche _____ 11pm - 2am _____

B. La familia Gómez   Listen as members of the Gómez family discuss their plans for the coming weekend. Draw a line from the person(s) to the drawing which illustrates what each wants to do. You will hear their plans twice.

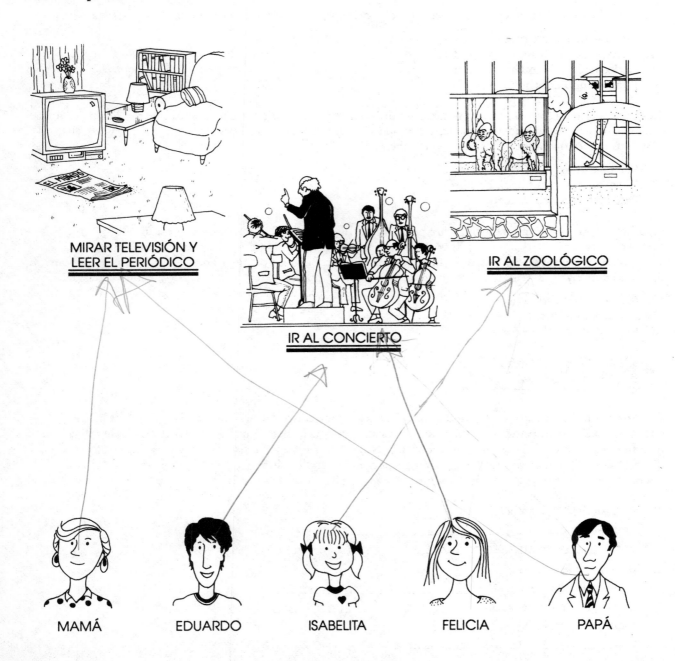

MIRAR TELEVISIÓN Y
LEER EL PERIÓDICO

IR AL CONCIERTO

IR AL ZOOLÓGICO

MAMÁ   EDUARDO   ISABELITA   FELICIA   PAPÁ

Nombre _____   Fecha _____

C. ¿Te gusta....?   You will hear a series of excerpts in which people discuss their likes and dislikes. As you listen, circle the words that correspond to likes and cross out those that correspond to dislikes. Some of the items may not be mentioned at all.

1. Dos estudiantes hablan de sus clases:

inglés   filosofía

francés   historia del arte

contabilidad

2. Los pasatiempos de Carlos:

ver la tele   correr en maratones

escuchar música   jugar al fútbol

ir al cine

3. El desayuno de Luis:

café   jugo de naranja

té   jugo de manzana

leche

4. Anita habla del horario de sus clases:

8:00   12:30

9:30   2:00

11:00   3:30

D. ¿Es verdad?   You will hear five statements for each of the following pictures. Look at the picture close-ly and determine if the statement is accurate or not. If it is probably true, circle "**Sí**"; if it is probably false, circle "**No**."

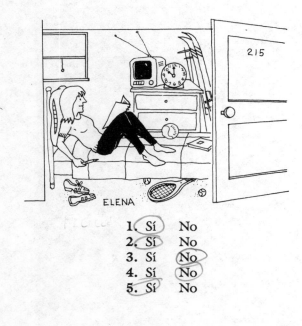

1. Sí   No
2. Sí   No
3. Sí   No
4. Sí   No
5. Sí   No

1. Sí   No
2. Sí   No
3. Sí   No
4. Sí   No
5. Sí   No

Capítulo dos   **37**

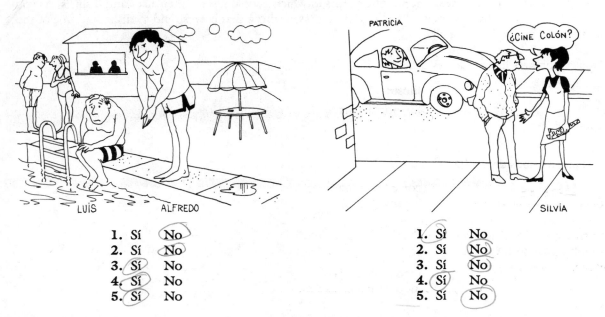

1. Sí (No)
2. Sí (No)
3. (Sí) No
4. (Sí) No
5. (Sí) No

1. Sí (No)
2. Sí (No)
3. Sí (No)
4. (Sí) No
5. Sí (No)

E. ¿Qué clase es?   You will hear a series of fragments from lectures that professors are giving in various subjects. As you listen to each, decide what subject is being taught and then number the subjects below in the order you hear them discussed. Not all of the subjects will be used.

___2___ historia del arte

_____ filosofía

___1___ biología

___3___ economía

_____ cálculo

_____ literatura

Día tras día

LEER

A. El tiempo   Read the following weather forecasts and answer the questions in English using the information provided. Instead of using a dictionary, rely on your English reading skills to guess the meaning of unfamiliar words.

1

el tiempo

Soleado, claro y fresco. Temperatura máxima, cerca de 70 grados F. (unos 21° C.); mínima, cerca de 50 F. (unos 10° C.). Viento del noroeste de unos 15 nudos (27 Km/h). (Más detalles en la página 2A).

a. *Soleado* is an adjective form of *sol* used to describe the weather. What type of day is to be expected?

_____

b. What is the expected high temperature? The low?_____

c. From which direction will the wind be blowing? _____

d. Where can you find additional weather information?_____

2

el tiempo

Parcialmente soleado y cálido con 30 por ciento de probabilidad de lluvia. Temperatura máxima, alrededor de 85 grados F. (unos 29° C.); mínima, alrededor de 75 F. (unos 24° C.). Viento del sur de 15 nudos (27 km/h). (Más detalles en la página 2A).

a. *Parcialmente* is the adverbial *(-ly)* form of *parcial,* a cognate. What does it mean?_____

b. *Cálido* is an adjective form derived from *calor.* Give its English equivalent. _____

c. If *parcialmente* is modifying both *soleado* and *cálido,* what would you say the weather will be like?

_____

d. What type of clothing might you need? Why?_____

3

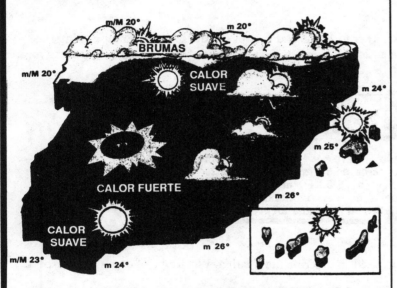

EL TIEMPO   C. Hernández Antón

Inestable en Galicia

Las costas norte de Galicia van a tener el cielo muy nuboso y registrar frecuentes precipitaciones mientras que en el resto se espera inestabilidad por el interior de Valencia y Murcia, y ambiente soleado en el resto.

Abreviaturas: CH: Chubascos. LL: Lluvias. T: Tormentas. ll: Lloviznas. S: Seco/soleado. N: Nubes, nieblas, calimas. n: Nieve. V: Nubes-claros. I: Inestable-inseguro. A: Agradable. t: Templado/suave. D: Destemplado/desapacible. f: Fresco. F: Frío. G: Glacial/gélido. M: Marejada. FM: Fuerte marejada. MG: Mar gruesa/muy gruesa. m: Marejadilla. **Colores:** Azul, frío/glacial; verde, fresco/desapacible; amarillo, templado/suave; naranja, calor suave/veranillo; rojo, calor/bochorno.

PREVISIONES PARA HOY

Area de Madrid: Poco nuboso por la mañana en toda la zona, con tormentas por la tarde en la sierra. Máximas de 35 a 37 grados y mínimas de 15 a 17. Amanece a las 7,30. Anochece a las 21,06. Duración del día, 13,36. Luna llena-menguante. Sale a las 21,51. Se pone a las 7,57.

a. *Inestable* is a combination of *in,* meaning "not," and *estable.* Can you guess what it means?

_____

b. This weather forecast mentions the province of Galicia and the area around Madrid. In what country are they located?

_____

c. *Las costas norte* limit parts of the forecast to what region of Galicia?

_____

d. If *cielo* means "sky," and *nublado* is a synonym for *nuboso,* what kind of day is predicted?

_____

e. Valencia and Murcia are two provinces on the east coast. *Inestabilidad* is predicted there. What weather should they expect?

_____

f. *Ambiente soleado en resto* indicates what type of weather for the rest of the area?

_____

g. Describe the weather predicted for Madrid and surrounding areas in the morning.

_____

h. *Tormentas* means "storms." Where will they occur in the afternoon? _____

i. To convert centigrade to Fahrenheit, multiply the centigrade temperature by 1.8 and add 32 degrees. Convert the low and high temperatures in Madrid and record your findings in the spaces provided.

Low _____   High _____

j. *Amanece* means "sunrise" and *anochece* means "nightfall/dusk." Use the 24-hour system to give the time for sunrise _____ and sunset _____.

k. The adjectives *suave* (mild) and *fuerte* (strong/severe) are used to modify *calor* on the map. What type of day are they describing? _____

B. Comprando muebles   Read the furniture ad on page 42 and answer the questions in English.

1. In what month is this furniture sale? _____

2. The furniture advertised is for the *comedor*. For what room is it intended? _____

3. Three sales plans are outlined. Plan A emphasizes the advantage of paying for the furniture within 30, 60 or 90 days. What is the advantage?_____

4. Plan B features *grandes descuentos*. What does that mean?_____

5. Plan C tells you how many months you have to pay for your furniture should you decide to charge it. Exactly how many months will you have? _____

6. Give the English equivalent of the shapes of the tables advertised:

    mesa ovalada   _____
    mesa redonda   _____
    mesa rectangular   _____

7. The wood advertised is *pino*. Can you guess what that is? _____

8. Give the English equivalent of the furniture included in the sets:

    mesa   _____
    silla   _____
    buffet-vitrina _____

9. How many pieces of furniture are included with the sets advertised? _____

10. How many *Salina Rocha* furniture stores are there? _____

ESCRIBIR

Primera etapa

A. ¡Saludos!   Imagine yourself spending your vacation in the three locations mentioned below, and write postcards to friends in your Spanish class. For each postcard, do the following in Spanish:

- greet your friend *("Querido/-a _____.")*
- say where you are
- describe what the weather is like
- say what you plan to do there
- sign off *("Tu amigo/-a, _____.")*

1. Bariloche, Argentina (a mountain city popular with skiers)

2. Cancún, México (a tropical, coastal resort)

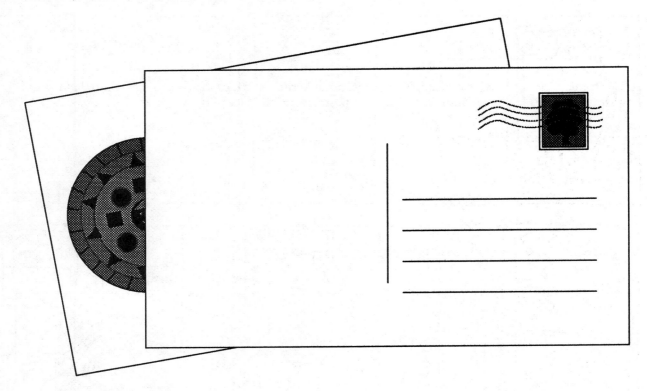

3. Your university/college

B. Una carta a Doña Ana   Use the illustrations to help you complete the missing elements in the list of instructions that Lupita's mom left the babysitter.

Doña Ana,

Gracias por cuidar a *(take care of)* Lupita mientras yo visito a mi madre en el hospital. Como Ud. sabe, Lupita es joven *(young)* y necesita supervisión.

Lupita es muy dormilona y los sábados ella suele _____ a las 9:30. Luego ella _____ y _____. A las 11:00 ella _____ la televisión o, si hace buen tiempo, _____ al parque. Por la tarde Lupita _____ en su cuarto y también suele _____ con sus amigos. Por la noche ella _____ y _____. Tiene que _____ a las 9:30.

Yo pienso regresar a eso de las 9:30, después de las horas de visita en el hospital.

Un millón de gracias,

Margarita Verdín

C. Mi rutina diaria Choose any weekday and write a paragraph describing your typical routine for that day. Organize your paragraph chronologically by describing your activities from morning to night. Include the following information:

- what time you get up
- how you prepare yourself for the day
- whether or not you eat breakfast, and if so, where and when
- what classes you attend and at what times
- where and when you usually have lunch
- when you study and/or work
- how you spend your free time
- when and where you have supper
- what time you go to bed

_____

_____

_____

_____

_____

_____

_____

_____

_____

_____

Segunda etapa

A. Planes para el fin de semana Write the following notes to your Hispanic roommate informing him/her of the following:

1. Tell him/her that your parents are coming this weekend. Say that the apartment is dirty *(sucio)* and that the two of you need to vacuum the rug, wash clothes and dust the furniture.

2. Tell him/her that tomorrow is going to be a nice day. Ask if he/she wants to get up early and play tennis. Say that later you can eat lunch at an Italian restaurant and return early in the afternoon.

3. Write that there is a great horror movie *(película de horror)* at the theater downtown tonight. Ask your roommate if he/she wants to go. Ask him/her if he/she prefers to go today or tomorrow, and if he/she wants to invite anyone else.

B. Estimada señora You have been elected secretary of the Spanish Club at your school. Your first official duty is to write a Spanish dignitary who will be visiting the area and invite her to a dinner at the school. Include the following information in the space provided on page 48:

1. Greet her *(Estimada señora:)*.
2. Identify yourself.
3. Say that the Spanish Club plans to have a dinner on (date) *(Los miembros del Club Hispánico piensan tener una cena el ____ de _____.)*.
4. Tell her you would like to invite her to the dinner *(Me gustaría invitarla a...)*.
5. Mention the time and place of the dinner *(La cena va a ser a las _____ en _____.)*.
6. Say you hope to receive a response *(recibir su respuesta)* soon.
7. Tell her that you can answer *(contestar)* her questions.
8. Include a closing *(Sinceramente/La saluda)*.
9. Sign your name.

Tercera etapa

A. Enrique, el despistado Look at the illustration on page 49 and find the items that Enrique has misplaced in his apartment. Record your findings below.

Modelo: *La carta de su madre está dentro de la mesita.*

_____

_____

_____

_____

_____

_____

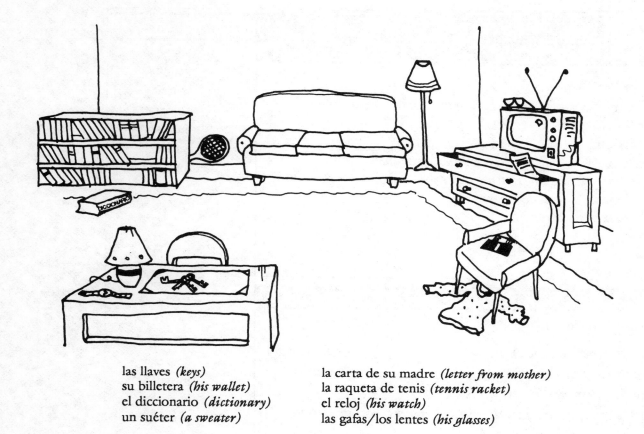

las llaves *(keys)*
su billetera *(his wallet)*
el diccionario *(dictionary)*
un suéter *(a sweater)*

la carta de su madre *(letter from mother)*
la raqueta de tenis *(tennis racket)*
el reloj *(his watch)*
las gafas/los lentes *(his glasses)*

B. "Querido Clarín"   Your Spanish class has decided to publish a biweekly newspaper in Spanish. You write a popular advice column under the pseudonym of "Clarín." Here are some of the letters that have recently crossed your desk; unfortunately, the handwriting is difficult to make out in places and several words are completely illegible. Choose from the list beside each letter and write in each of those "illegible" words. You may need to conjugate some of the verbs.

Querido Clarín,

Mi compañera de cuarto _____ todos los días (¡incluso los domingos!) a las seis de la mañana. Yo prefiero _____ hasta las nueve o las nueve y media, pero es imposible porque ella _____ la radio. Ella dice que yo soy _____, pero yo _____ que ella es egoísta. ¿Quién tiene _____?

Kati

decir
dormilona
dormir
levantarse
razón
poner

QUERIDO CLARÍN,

HAY UNA CHICA MUY ATRACTIVA EN MI CLASE DE QUÍMICA. CUANDO ESTAMOS EN CLASE _____ SENTARME (sit) A SU LADO. ELLA _____ ME MIRA Y _____, PERO NO DICE NADA. _____ ES TÍMIDA COMO YO. (Yo) _____ INVITARLA A CENAR, PERO LA _____ ES QUE NO TENGO MUCHO DINERO. ¿QUÉ DEBO HACER?

DAVID

siempre
sonreir
quisiera
quizás
verdad
suelo

Querido Clarín,

Mi novio (fiancé) y yo _____ casarnos (get married) en mayo. Yo _____ con tener una boda grande con una misa en mi _____ y una gran recepción después. Pero a mi novio no le _____ la idea; él _____ que debemos casarnos por lo civil. Mis padres están descontentos con esta situación y francamente yo _____ a pensar que él no es el hombre (man) para mí. ¿Qué piensas tú?

Margaret

empezar
gustar
iglesia
pensar
soñar
querer

S Querido Clarín,
A mí me _____ las telenovelas. (Yo) _____ mirarlas todas las tardes de dos a cuatro. (Yo) _____ mucho así porque son una evasión total de la vida universitaria y (yo) _____ olvidar todos mis problemas.

Bueno, mi amiga Jody se burla (makes fun) de mí; ella piensa que las telenovelas son ridículas y aburridas (Jody sólo mira los _____ educativos o el _____). ¿Y tú? ¿Estás de _____ con Jody? ¿Miras las telenovelas o no?

Sara

encantar
divertirse
noticiero
acuerdo
programas
soler
poder

ESCUCHAR

Pronunciación

Las consonantes d, g, j, h   At the beginning of a sentence, after a pause, and after **n** or **l**, the letter **d** is pronounced by placing the tongue against the back of the upper teeth. This sound is similar to the English [d].

1. ¿Dónde está el doctor?
2. Déle un dólar en diciembre.
3. El dueño viene el domingo.

In other positions, the letter **d** is pronounced approximately like the initial sound in the English word **then**.

1. Tengo un dedo malo.
2. ¿A dónde vas?
3. ¿Me das diez dólares?

The letter **g** has two pronunciations: like a strong English **h** before **e** or **i**, and elsewhere like the hard [g] of **golf**. The hard [g] sound is spelled **gu** before **e** or **i**:

1. En general los estudiantes son inteligentes.
2. Ponga la guitarra en la mesa, por favor.
3. Esa región tiene una geografía interesante.
4. El atleta tiene mucha agilidad.

The letter **j** is pronounced like a strong English [h]:

1. El tenis es un juego divertido.
2. José Canseco batió un jonrón.
3. El carro está en el garaje.

¡OJO! The letter **h** is silent in Spanish. The **j** produces the English [h] sound.

In the words **Texas** and **México** the letter **x** is pronounced like a **j**. In many Spanish-speaking countries these place names are written **Tejas** and **Méjico**.

Las consonantes c, s, z   You have already seen that the letter **c** has a hard [k] sound before consonants and before the vowels **a, o,** and **u**. Elsewhere, it is pronounced just like the **s** and **z**, that is, [s]. *

1. El año tiene cincuenta y dos semanas.
2. Podemos comprar zapatos en esta zona.
3. Conozco a doce profesores.

The letter **z** changes to **c** before an **e** or an **i**.

1. ¿Quieres un lápiz o dos lápices?
2. Mi esposa comenzó a estudiar y yo comencé a cocinar.
3. Estudié la octava lección.

 * In parts of Spain, **z** and **c** before **e** or **i** are pronounced like the first sound in English **thin**.

A. El pronóstico del tiempo

Part 1   You are going to hear two weather forecasts—one for Mexico and one for the United States. Each will give a general overview of the weather for selected regions. As you listen, circle the weather symbols that best represent the forecast for the region described.

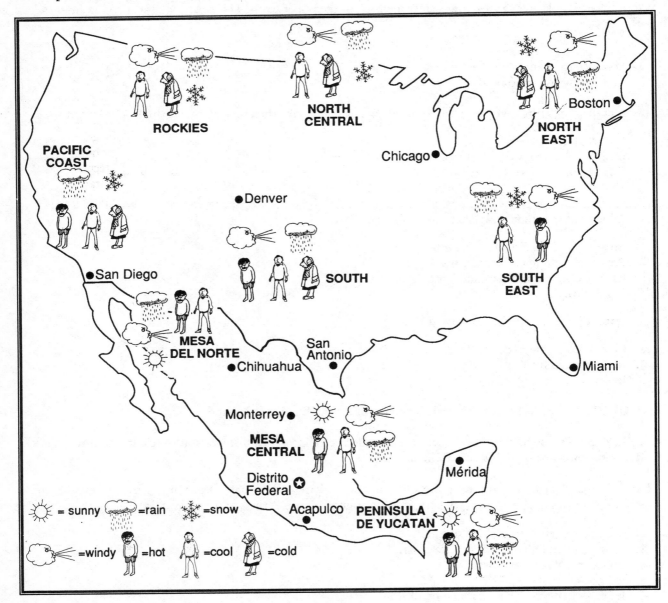

Part 2   You will now hear a continuation of the weather forecasts for Mexico and the United States. This time the forecaster will read the predicted high temperatures for selected cities. As you listen, label the city for the predicted highs; simply write the number beside the name of the corresponding city. Remember that temperatures for the U.S. will be given in Farenheit, while those for Mexico will be given in centigrade.

B. El problema de Jorge   You will hear a conversation in which Jorge, a new student from Costa Rica, compares his daily schedule with Héctor, a Cuban now living in Miami. Write a check (✔) in the box to indicate which activities each performs and state the times. You will hear their conversation twice.

❏ Jorge
  hora: _____
❏ Héctor
  hora: _____

❏ Jorge
  hora: _____
❏ Héctor
  hora: _____

❏ Jorge
  hora: _____
❏ Héctor
  hora: _____

❏ Jorge
  hora: _____
❏ Héctor
  hora: _____

❏ Jorge
  hora: _____
❏ Héctor
  hora: _____

❏ Jorge
  hora: _____
❏ Héctor
  hora: _____

❏ Jorge
  hora: _____
❏ Héctor
  hora: _____

❏ Jorge
  hora: _____
❏ Héctor
  hora: _____

❏ Jorge
  hora: _____
❏ Héctor
  hora: _____

C. Una entrevista con Carmen   Carmen Rivera is a full-time mother and part-time student at a university in New York. Listen as a reporter from her school's Spanish-language newspaper interviews her about how she combines those two aspects of her life. Number the activities below in the same order as they occur in Carmen's day. First you will hear how Carmen spends her morning.

Por la mañana (números 1-8)

_____ Despierta a los niños.
_____ Se levanta.
_____ Se baña.
_____ Prepara el desayuno.
_____ Sale de casa.
_____ Estudia en la biblioteca.
_____ Desayuna.
_____ Está en clase.

The interview continues as Carmen describes what her afternoons consist of after she returns home from the university.

Por la tarde (números 1-8)
_____ Limpia los cuartos de los niños.
_____ Prepara la cena.
_____ Les quita el polvo a los muebles.
_____ Lee el periódico.
_____ Pasa la aspiradora.
_____ Cena.
_____ Acuesta a los niños.
_____ Descansa.

D. La agenda de Roberto Roberto is trying to get organized for the coming week, which promises to be a busy one. As you hear him review his plans to himself, jot down brief notes in Spanish on the agenda to indicate what he plans to do at what time.

NOVIEMBRE

18 jueves	19 viernes	20 sábado
8AM	8AM	8AM
9	9	9
10	10	10
11	11	11
12	12	12
1PM	1PM	1PM
2	2	2
3	3	3
4	4	4
5	5	5
6	6	6
7	7	7
8	8	8
9	9	9
10	10	10

E. El nuevo apartamento de Silvia   Silvia has just moved into a new apartment. Listen as she describes it to her mother over the phone and draw lines from the furniture pictured to its appropriate location in each room of the floor plan below.

F. La venta de muebles   Listen to the radio advertisement for a furniture store. Check the items on your shopping list as you hear them advertised and record their prices. The ad will be read twice.

___ cama $_____

___ tocador $_____

___ mesita $_____

___ sofá $_____

___ sillón $_____

___ lámparas $_____

___ mesa $_____

___ sillas $_____

___ espejo $_____

___ televisor $_____

___ escritorio $_____

___ estante $_____

___ cuadros $_____

___ alfombra $_____

CAPÍTULO CUATRO

Haciendo planes

LEER

A. Las vacaciones de tus sueños   As you know, readings are often divided into smaller sections of related information in order to help the reader grasp the essential points more easily. These subdivisions are usually set off graphically by headlines, boldfaced captions, numbered paragraphs, or similar printed devices. In the next selection, you will work with such a text.

1. Examine the selection from a travel catalogue on page 58 and, in the box below, write down the headings for each section (as they appear, in Spanish). Then, in English, summarize the main idea or topic of each.

Subdivision	Topic

2. Now, consulting your list from question 1 but without referring to the text, indicate in which of those five major segments you would look to find out the following information:

   a. Will you need a visa for the trip? _____

   b. How many meals are included in the cost of the package? _____

   c. What city will you be in on the fourth day? _____

   d. What is the additional cost for a single, rather than a double, room? _____

3. Refer back to the text now and find the answers to the questions given in 2 above. Write your responses in English below.

   a.

   b.

   c.

   d.

Costa Rica San José-Bahía Garza

Bienvenido a Costa Rica.

- **IT7IB2MAD222**
- **SALIDAS GARANTIZADAS: Martes.**

El viaje:

Día 1.º: ESPAÑA-SAN JOSE.–Salida en **vuelo de línea regular,** clase turista, de la Compañía IBERIA, con destino a San José. Llegada, **traslado al hotel y alojamiento.**

Costa Rica fue descubierta por Cristóbal Colón en 1502, durante su cuarto viaje. Fondeó frente a la isla de Cariarí, en el Caribe, muy cerca del hoy llamado Puerto Limón.

Impresionado por tanta vegetación y por los adornos de oro que portaban los indígenas, Colón bautizó a esta nueva tierra descubierta como Costa Rica. San José está justo en su Valle Central. Es una capital moderna y acogedora, rodeada de montañas. En la región de la costa del Pacífico hay centenares de playas, con hermosos paisajes. Y en el Caribe, la vegetación es selvática y la vida silvestre se conserva como un tesoro en Parques Naturales.

Día 2.º: SAN JOSE.–**Alojamiento** en el hotel. **Visita de la ciudad:** Catedral Metropolitana, Corte Suprema de Justicia, Teatro Nacional, Museo Nacional, Museo de Jade, Universidad y Mercado de Artesanía. Tarde **libre.**

El Museo Nacional fue en sus tiempos una fortaleza desde la que se dominaba todo San José. Y así se mantuvo hasta que Costa Rica dejó de tener ejército. Hoy es un hermoso museo con ricas colecciones de objetos muy variados. El Museo de Jade se especializa en piezas de jade precolombinas, aunque también posee valiosas obras en piedra, oro y cerámica.

Los campos de la Universidad le darán una imagen de la importancia que tiene la cultura entre los cotarricenses más jóvenes.

Y en cuanto al Teatro Nacional, se le considera el edificio más hermoso de Costa Rica. Decoración rococó, hermosas esculturas y pinturas y un marco arquitectónico impresionante. No se pierda uno de sus conciertos en esta tarde-noche que tiene libre y a su entera disposición para moverse a su aire. Por si acaso quiere ir de compras, le daremos una orientación. A lo largo de la Avenida Central hay tiendas y joyerías que ofrecen reproducciones de piezas precolombinas en oro y plata.

Para cerámica y madera están el Mercado de Artesanía (que ha visitado por la mañana con nosotros), el Caserón y Canapi. Cuero en Moravia, a diez minutos del centro de San José. Allí están el Caballo Blanco, Hidalgo e Hijos y la Tinaja. El más conocido «souvenir» de Costa Rica son unas carretas multicolores pintadas a mano, originarias de Sarchí, en la provincia de Alajuela. Puede encontrarlas en muchos lugares.

Día 3.º: SAN JOSE-BAHIA GARZA.–**Salida del hotel** a primera hora de la mañana hacia la costa del Pacífico donde está situada Bahía Garza. **Llegada y alojamiento.** .

Días 4.º al 6.º: BAHIA GARZA.—Estancia en régimen de **alojamiento. Días libres** a su entera disposición.

En estos días libres puede disfrutar de las maravillosas aguas del Pacífico. Bañarse o practicar deportes náuticos.

Día 7.º: BAHIA GARZA-SAN JOSE.–Traslado a San José. Llegada al hotel y **alojamiento.**

Día 8.º: SAN JOSE-ESPAÑA.–Traslado al aeropuerto y salida en **vuelo de línea regular,** clase turista, de la Compañía IBERIA de regreso a España.

Día 9.º: ESPAÑA.–Llegada y fin del viaje.

Los precios incluyen:

— **Billete de avión, clase turista.**
— **Estancia en régimen de alojamiento.**
— **Visitas que se indican.**
— **Traslado aeropuerto-hotel-aeropuerto.**

Hoteles seleccionados:

San José
- Hotel 1.ª *GRAN HOTEL*

Bahía Garza
- Hotel 1.ª *VILLAGGIO LAGUARIA MORADA*

PRECIOS POR PERSONA EN HABITACION DOBLE CON BAÑO:	COSTA RICA
DESDE	HOTELES
	Gran Hotel/ Villaggio
MADRID	172.100
BARCELONA	175.400
BILBAO	175.400
VALENCIA	175.400
ALICANTE	179.800
MALAGA	175.400
SEVILLA	175.400
SANTIAGO	173.700
PALMA	175.400
Supl. hab. individual	37.100
Supl. por persona: Del 1/7-30/9	32.000

4. Under *Día 1.º*, you are given an overview of Costa Rica—a bit of information about its history and its geographical diversity. In English, write here three facts you learned about the country.

   a.

   b.

   c.

5. In the section labeled *Día 2.º* additional information is provided about the city of San José. Write here the names of three top tourist attractions in the city.

   a.

   b.

   c.

6. By now you have developed some vital reading strategies: the ability to recognize cognates, guess words in context, note subdivisions of a text and apply your personal background information to the material at hand. Often it is possible to understand the main points of a text simply by applying these strategies. However, when you encounter certain words over and over again in a text and you can't figure them out, it is a good idea to check them in a dictionary.

   a. In this selection, for example, you saw the words *traslado* and *alojamiento* about five times each. If you don't already know the meaning of these two words, you will need to look them up in order to understand the key elements of this selection. Write their meanings in the spaces provided.

   _____   _____

   What are some other frequently occurring words that you might need to look up in the dictionary? Write them below.

   _____

   _____

   b. Once you have decided which words to look up in the dictionary, you must decide which of the many English translations listed there is the most appropriate choice. At that point, you need to take a moment to read through the entire entry and decide which translation best fits the context you are dealing with. In question *a.* above you made a list of frequently occurring words which you might need to look up in a dictionary. Look them up now and decide which is the best translation for each one.

   _____

   _____

7. Sometimes you will need to find the Spanish translation to an English word that you want to use. In this case, keep in mind the following two hints:

   • First, many words in English have the same exact form for different parts of speech. Consider, for example, the word "water" in the following sentences:

   May I have a glass of **water**?
   Will you **water** my plants for me?

   In the first sentence, "water" functions as a noun; in the second, as a verb. So, when you want to look up a word, you first need to decide which part of speech you are dealing with; in other words, are you looking for a noun, a verb, an adjective, an adverb, a pronoun, a preposition? Each of those parts of speech will have a separate sub-entry in the dictionary.

   • Once you have narrowed the word to a particular part of speech, you will often still be faced with a number of translations. The only accurate way to distinguish between the subtle connotations and nuances each may have is to cross-reference each word. In other words, you now need to look up each Spanish word to check its English translation in order to find the most appropriate choice.

Using the two-step procedure outlined above, find the best Spanish translation to the boldfaced words in the following sentences:

a. How much will the **trip** cost? _____

b. We're going with a group of **university** students. _____

c. What day do we **leave**? _____

B. Los colores The following selection appeared in a magazine in the section called *Psicología*. Before you read it in its entirety, try applying some reading strategies—old and new—that will help you understand the article more thoroughly.

1. Examine the overall format of the selection and read the title and other bold-faced captions. What is the main topic of this text?_____

2. Under the name of each color you will see a brief synopsis of the paragraph content. Look over each of these and find two frequently repeated words that you do not already know. Write them here and look up their meaning in the dictionary:

_____ =

_____

_____ =

_____

3. By recognizing certain suffixes, or word endings, in Spanish, you will be able to expand your vocabulary quickly.

   a. In this selection you will see many nouns which end in *-dad*. This suffix (and its variant *-tad*) corresponds to the English suffix *-ty*; for example, *tranquilidad* means "tranquility." Find ten words in this article with this suffix. Write them here along with their English equivalents.

   1. _____
   2. _____
   3. _____
   4. _____
   5. _____
   6. _____
   7. _____

Los colores básicos

En psicología, cada color tiene un simbolismo propio. El recuadro recoge el significado de los ocho más básicos.

AZUL

Elegirlo es síntoma de estabilidad afectiva; rechazarlo, de problemas amorosos.

▶▶▶ Es el color de la profundidad de sentimientos y simboliza lo relacionado con los afectos. Las personas que lo prefieren son comunicativas, muy sensibles y receptivas, aunque algo dependientes de los demás y un poco pasivas. Desde el punto de vista afectivo significa el amor, la ternura, la satisfacción y la tranquilidad en el terreno sentimental. Si no gusta puede significar problemas familiares o de pareja.

AMARILLO

Elegirlo significa vitalidad y disfrute del presente; rechazarlo, temor a lo superficial.

▶▶▶ Es el color que simboliza la espontaneidad. Las personas que lo eligen como favorito suelen ser expansivas, muy activas, ambiciosas, inquisitivas y con tendencia a la excentricidad. Desde el punto de vista afectivo, el amarillo significa una predilección por la variabilidad, una búsqueda de satisfacción inmediata, una necesidad de regocijo y placer en los afectos, y preferencia por relaciones originales.

BLANCO

Elegirlo es ruptura total; rechazarlo, tendencia oposicionista y miedo al cambio.

▶▶▶ Es el color que simboliza la ruptura con todo, el comienzo de algo totalmente diferente a lo anterior. Las personas que prefieren este color a otros desean cambiar, romper y empezar de nuevo, desde cero. Desde el punto de vista afectivo también significa un deseo profundo de cambio, un pensamiento continuo de «a partir de aquí empiezo», una necesidad de renovación y de olvido total del pasado.

NEGRO

Elegirlo es síntoma de depresión; rechazarlo, de buen momento psicológico.

▶▶▶ Como color simboliza el vacío, la ausencia de color, la nada, lo desconocido. Las personas que lo eligen como favorito suelen estar pasando por periodos depresivos, ya sean conscientes de ello o no. Desde el punto de vista afectivo significa angustia, tristeza, no saber muy bien en qué punto se está, sentir miedo y temores no concretos, pasar por un periodo problemático en el tema de los sentimientos.

MARRON

Elegirlo es estar ligado al pasado; rechazarlo, es mirar sólo hacia adelante.

▶▶▶ Simboliza las raíces, los antepasados, la historia. Las personas que lo prefieren sobre otros colores están muy ligadas a la familia y tienen los pies sobre la tierra, son realistas y prácticas. Desde el punto de vista afectivo puede significar la importancia del entorno familiar, de conservar los lazos sentimentales, de necesitar ante todo seguridad.

ROJO

Elegirlo es apostar por la actividad; rechazarlo, miedo oculto a la sexualidad.

▶▶▶ Es el color de la fuerza de la voluntad y del carácter fuerte. Las personas que lo eligen son muy activas, buscan la independencia, son competitivas, eficientes, algo agresivas y un poco excéntricas. Desde el punto de vista afectivo este color simboliza la sexualidad, la búsqueda de sentimientos, el dominio en las relaciones afectivas, la búsqueda de sensaciones nuevas sin inhibiciones ni falsos tabúes.

VIOLETA

Elegirlo es síntoma de idealismo excesivo; rechazarlo, de incapacidad para soñar.

▶▶▶ Simboliza la unión de la fuerza, por lo que tiene de rojo, y del sentimiento, por lo que lleva de azul. Las personas que lo prefieren buscan la perfección, son muy exigentes y muy idealistas. Desde el punto de vista afectivo significa la mistificación de los sentimientos, la necesidad de alcanzar una relación mágica, realizar los sueños más profundos, conseguir relaciones totalmente perfectas e idealizadas.

VERDE

Elegirlo significa constancia y profundidad; rechazarlo, superficialidad.

▶▶▶ Simboliza la constancia en todos los campos. Las personas que lo prefieren sobre otros colores son profundas, independientes, posesivas y un poco pasivas, se autocontrolan muy bien y no tienen cambios radicales de comportamiento, aunque interiormente están un poco a la defensiva. Desde el punto de vista afectivo significa la persistencia de sentimientos, la obstinación y la autoestima personal.

8. _____
9. _____
10. _____

b. Another common noun suffix is the Spanish *-ción*, which generally corresponds to the English suffix *-tion*, as in *satisfacción*, or "satisfaction." Find five words in this text with this suffix and write them here together with the English equivalent.

1. _____
2. _____
3. _____
4. _____
5. _____

4. Now read the article in its entirety and indicate in Spanish which color best matches the descriptions below:

a. practical, realistic _____
b. somewhat dependent and passive _____
c. strong character, independent and competitive _____
d. perfectionist and idealist _____
e. wishes change and renewal _____
f. prefers constancy, is self-controlled _____
g. spontaneous, ambitious and a bit eccentric _____
h. has peace and tranquility in his/her love life _____

5. Reread the section that corresponds to your favorite color. Which characteristics seem to apply to you? Write them in Spanish in the spaces below.

_____
Which do not? _____

C. **La tintorería**   The form on page 62 is readily available in most hotels. Read the form and answer the questions in English. ¡**OJO!** The verbs *será, devolverá* and *responderá* are in the future tense. This tense is used to express events and conditions that are going to occur. For example: *El examen será mañana.*(The exam will be tomorrow.)

1. What are the two types of services offered?   _____   _____

2. If I want to have a dress dry-cleaned so that I can wear it tonight, which service do I need?

_____
What time will I get it back, if I sent it in by 9 a.m.?   _____

3. Today is Thursday and my husband needs this jacket cleaned for a Saturday night party. Which service does he need?   _____

4. List four items that fall under the category of *ropa interior.* _____
_____

5. What is this establishment not responsible for? _____

6. If my blouse is lost *(perdida)* or damaged *(dañada)* during cleaning and it costs 53 *colones* to clean it, how much will the hotel pay me for it? _____

7. What type of clothing is *camisa de smoking*? _____

8. What items on the list do not need to be ironed *(planchado)*? _____
_____

9. When are these services not available? _____

gran HOTEL Costa Rica SAN JOSE

L A V A N D E R I A -

NOMBRE	FECHA	HABITACION

CANTIDAD		ARTICULO —	PRECIO	TOTAL	SERVICIO
Cliente	**Chequeo**		₡	₡	Regular ☐ Especial ☐
		CABALLEROS Lavado y Planchado			**Nota:** Su ropa será acepta-da bajo las siguientes con-diciones:
		CAMISAS			SERVICIO REGULAR
		DE SEDA			La ropa recibida antes de
		DE SMOKING			las 10:00 a.m. se devolve-
		CAMISETAS			rá el día siguiente a las
		CALZONCILLOS			6:00 p.m.
		CALCETINES			SERVICIO ESPECIAL
		PAÑUELOS			Se devolverá el mismo día
		PIJAMAS			a las 6:00 p.m. con un re-
		PANTALONES			cargo de 50%.
		PLANCHADO			No somos responsables por
		SACOS			botones o adornos que no
		JACKETS			resistan el lavado o aplan-chado.
					En caso de pérdida o daño
					el hotel responderá hasta
					5 veces el valor del servi-
		SEÑORAS			cio encomendado a la la-vandería.
		Lavado y Planchado			No nos hacemos responsa-
		BLUSAS			bles por materiales sinté-
		VESTIDOS			ticos.
		FALDAS			Cerrado los domingos y
		PIJAMAS			días de fiesta.
		PANTALONES			
		SOSTENES			
		MEDIAS			
		CALZONES			
		COMBINACIONES			
		PLANCHADO			
		NIÑOS Lavado y Plancho			
		CAMISAS			
		CALCETINES			
		PANTALONES			
		PIJAMAS			
		TOTAL ₡			

Imp. Barsant

D. Cómo hacer las maletas   Read the following article, examine the illustration and answer the questions. **¡OJO!** The verbs *ponga, distribuya, doble* and *coloque* are in the command form. It is used when giving direct orders. For example: *Ponga la bolsa aquí.* (Put the bag here.)

1. By reading the title and glancing at the illustration, what would you say is the main topic of this article?

   _____

2. In this article *carteras* means "pocketbooks" and *bolsas* means "bags." If that is the case, according to the article, what should you do with shoes and pocketbooks before you pack them?

   _____

3. Use the information provided to give the order in which the following items should be packed:

   _____ pants

   _____ jackets

   _____ blouses

   _____ skirts

   _____ accessories (belts & scarves)

   _____ shoes

   _____ dresses

   _____ sweaters

   _____ pocketbooks

4. According to this article and illustration, how should items be placed in the suitcase?

   _____

   _____

   _____

   _____

   _____

   _____

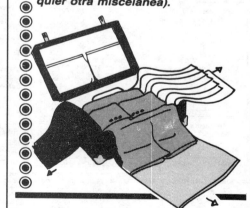

COMO HACER SU EQUIPAJE...

● Ponga los zapatos y las carteras en bolsas y colóquelas en el fondo de la maleta rellenos con ropa interior.

● Distribuya pantalones y faldas a lo largo de la maleta alternando a izquieda y derecha, dejando las piernas de los pantalones y la parte de abajo de las faldas hacia afuera.

● Ponga las chaquetas y vestidos de cara hacia abajo con el cuello hacia la parte de atrás de la maleta y deje el exceso colgando en la parte delantera (como puede ver en el dibujo); coloque las mangas hacia adentro. Ponga suéteres, faldas y blusas a lo ancho y encima de las chaquetas.

● Doble las partes que habían quedado fuera (de los pantalones y las faldas) sobre los suéteres, las faldas y las blusas formando un "colchón" y en los sitios que quedan vacíos alrededor, coloque los accesorios (cintos, bufandas o cualquier otra miscelánea).

E. La entrada de extranjeros   Read the form on page 64 and answer the questions in English.

1. This form is intended for use by whom? _____

2. *Apellidos* means "surnames." Why is the plural used? _____

3. What does the phrase *Nombres completos* mean? _____

4. What is different about the *fecha de entrada*? _____

5. Questions 8 and 9 are both directed at passengers arriving in Colombia. What is the difference between the two questions? _____

6. In question 10 a synonym for *prevista* might be *preseleccionada* . Which address do they want?

   _____

7. In question 11 another word for *Empresa* is *Aereolínea*. What is the information requested?

   _____

8. In question 12 the words *expedida* and *expedición* come from the verb *expedir,* meaning "to issue." What specific information do they want? _____

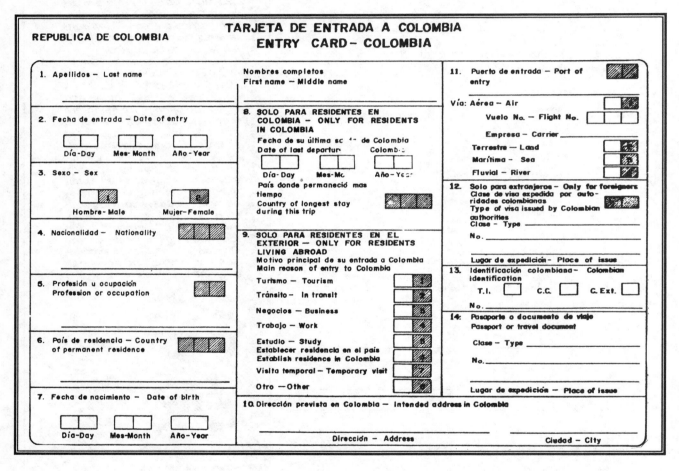

ESCRIBIR

Primera etapa

A. Unas cartas a Rosa   You have decided to catch up on some correspondence today. Respond in Spanish as directed to the situations that follow.

1. Your longtime Venezuelan pen pal, Rosa, has decided to spend the next year as an exchange student on your campus. To help her prepare for the trip, describe to her what the weather is like during the different seasons in your part of the country.

2. During Rosa's stay you will all be attending a big, formal family wedding. You have arranged for one of your hometown friends to be Rosa's escort for that event. Describe him to her.

B. Haciendo planes   Use complete sentences, as in the model, to mention at least three things you must do before the following events.

Modelo: Antes de dar una fiesta de Noche Vieja...

1. *Debo decidir el menú.*
2. *Tengo que hacer la lista de comestibles.*
3. *Necesito ir al supermercado.*
4. *Debo limpiar la casa.*
5. *Tengo que preparar la comida.*

1. Antes de ir de vacaciones...

_____

_____

_____

2. Antes de la fiesta de aniversario para mis padres...

_____

_____

_____

3. Antes del cumpleaños de mi mejor amigo/-a...

_____

_____

_____

_____

C. Comparando Colombia y México Below are some data about the countries and peoples of Colombia and Mexico. Using the statistics provided, write sentences in Spanish comparing the two countries to each other.

Modelo: *México es más grande que Colombia.*

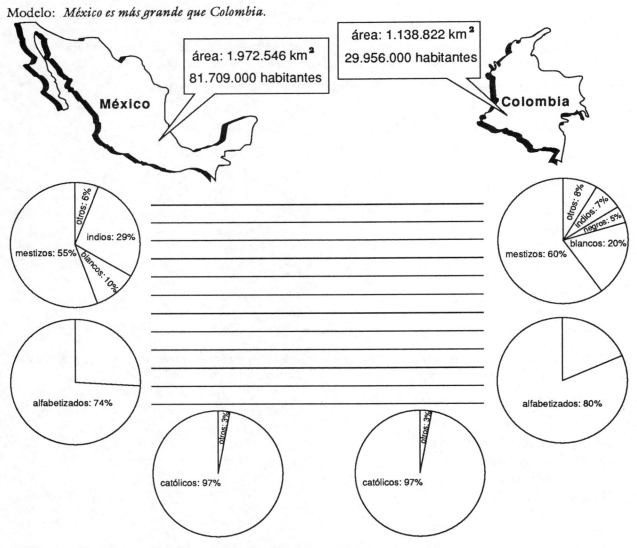

área: 1.972.546 km² 81.709.000 habitantes

México

área: 1.138.822 km² 29.956.000 habitantes

Colombia

otros: 6%
indios: 29%
mestizos: 55%
blancos: 10%

otros: 8%
indios: 7%
negros: 5%
blancos: 20%
mestizos: 60%

alfabetizados: 74%

alfabetizados: 80%

otros: 3%
católicos: 97%

otros: 3%
católicos: 97%

Information taken from *The World Almanac and Book of Facts*, 1988.

Segunda etapa

A. Entrada de extranjeros   Return to Reading Exercise E on pages 63-64 and complete the form as it applies to you. Use your imagination when completing some of the questions.

B. Cuidando a los niños   As you read over the notes that you took when you were hired to babysit for a Spanish family in your neighborhood, you realize there are missing elements. Complete each note with the correct form of one of the following *tener* idioms:

tener sueño	tener sed	tener prisa	tener hambre
tener frío	tener razón	tener miedo	

1. El bebé come mucho. Siempre _____. Su comida está en el refrigerador.
2. Generalmente, el bebé _____ por la tarde y duerme dos horas.
3. Paquito nunca _____. Pero necesita un suéter cuando sale a jugar con sus amigos.
4. Margarita debe levantarse a las 7:00 a.m. para tomar el autobús a las 8:00 a.m. Muchas veces ella duerme hasta las 7:30 y después ella _____.
5. Por la noche cuando Margarita no quiere acostarse, dice que _____ y pide agua.
6. Los niños no deben mirar películas de horror como "Drácula". Después, por la noche ellos _____ y no quieren dormirse.

C. Las preocupaciones   Describe the picture below and those on page 68 in three or four sentences in Spanish. Try to include information about what the people are doing and how they feel. Use as many different expressions with *"tener"* as you can.

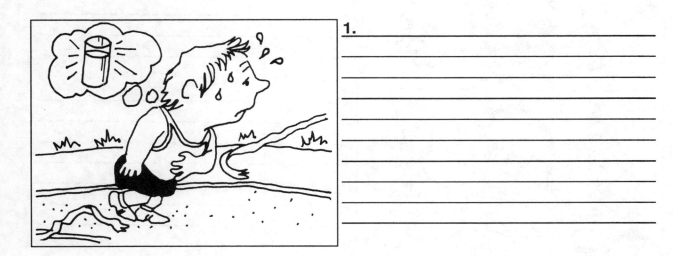

1. _____
_____
_____
_____
_____
_____
_____
_____

2. _____
_____
_____
_____
_____
_____
_____
_____

3. _____
_____
_____
_____
_____
_____
_____
_____
_____
_____
_____
_____

4. _____
_____
_____
_____
_____
_____
_____
_____

5. _____
_____
_____
_____
_____
_____
_____
_____
_____

Tercera etapa

A. Un robo   As you are strolling down the street on vacation, you see these three suspicious characters sneaking out of the window of a home. Moments later the police arrive at the scene and ask you to provide a thorough description to help them investigate a series of break-ins in the area. Write below in Spanish your report for the police. Discuss each suspect in as much detail as possible—be sure to include both physical appearance and dress.

_____
_____
_____
_____
_____
_____
_____
_____
_____
_____
_____
_____
_____
_____
_____
_____

B. Los giros postales   An easy way to send money through the mail is to use a *giro postal,* or postal money order. To send one, you must fill out a form such as the ones from Spain on page 70. The key parts that must be completed are these:

1. the amount *(importe)* you wish to send, in both numbers *(en cifras)* and letters *(en letra)*
2. the name and address of the person who will receive the money *(el/la destinatario/-a)*
3. the name and address of the person who is sending the money *(el/la remitente)*
4. any message you wish to include *(texto)*.

For the following *giros,* imagine that you are staying at the Hotel Rialto (Calle Ferrán 40) in Barcelona and that you need to send money as indicated below. Fill out the forms in Spanish accordingly.

1. Send 35,000 pesetas to your friend at the Hotel Maimónides (Calle Torrijos 4) in Córdoba. He has lost all his money and credit cards!

Ins.	Srl.	N° origen/indicativo		Línea piloto:		GIRO URGENTE	G.1.T.
Oficina de origen:					P.	fecha:	hora:

OFICINA DE DESTINO:

INDICACIONES DE SERVICIO: (táchense las no elegidas)	EN METALICO	CHEQUE POSTAL	INGRESO EN CCP.	ACUSE DE RECIBO	
IMPORTE: (en letra)				En cifras:	
DESTINATARIO:					
Domicilio:					
REMITENTE:					
TEXTO: P.					
Domicilio del REMITENTE					

(sello de fechas)   Indicaciones de transmisión   Sellos de franqueo por tasa fija.

Aclare al destinatario su envío. Utilice el te

Los recuadros enmarcados en trazo grueso los cumplimentara el funcionario

2. Send 21,500 pesetas to the Estudio Internacional Sampere (Calle Castelló 50) in Madrid as a deposit on Spanish lessons you plan to take there.

Ins.	Srl.	N° origen/indicativo		Línea piloto:		GIRO URGENTE	G.1.T.
Oficina de origen:					P.	fecha:	hora:

OFICINA DE DESTINO:

INDICACIONES DE SERVICIO: (táchense las no elegidas)	EN METALICO	CHEQUE POSTAL	INGRESO EN CCP.	ACUSE DE RECIBO	
IMPORTE: (en letra)				En cifras:	
DESTINATARIO:					
Domicilio:					
REMITENTE:					
TEXTO: P.					
Domicilio del REMITENTE					

(sello de fechas)   Indicaciones de transmisión   Sellos de franqueo por tasa fija.

Aclare al destinatario su envío. Utilice el te

Los recuadros enmarcados en trazo grueso los cumplimentara el funcionario

3. Send 16,850 pesetas to the Mercado Oficial de Artesanía (Calle Samuel Leví 4) in Toledo to order by mail a piece of damascene jewelry you saw there.

Ins.	Srl.	Nº origen/indicativo		Línea piloto:		GIRO URGENTE	G.1.T.
Oficina de origen:					P.	fecha:	hora:
OFICINA DE DESTINO:							
INDICACIONES DE SERVICIO: (táchense las no elegidas)	EN METALICO		CHEQUE POSTAL	INGRESO EN CCP.	ACUSE DE RECIBO		
IMPORTE: (en letra)						En cifras:	
DESTINATARIO:							
Domicilio:							
REMITENTE:							
TEXTO: P.							
Domicilio del REMITENTE							

(sello de fechas)	Indicaciones de transmisión	Sellos de franqueo por tasa fija.

Aclare al de...atario su envío. Utilice el t...

Los recuadros enmarcados en trazo grueso los cumplimentara el funcionario

C. Los sentimientos Complete in Spanish the following sentences to express some feelings you and others have about the topics mentioned. **¡OJO!** You will need to use the present subjunctive in your responses.

La clase de español

1. Me alegro de que mi clase _____.
2. Espero que la próxima semana nosotros _____.
3. Me gusta que nuestro profesor/nuestra profesora _____.
4. A veces no me gusta que algunos estudiantes _____.
5. En general, nuestro profesor/nuestra profesora quiere que nosotros _____.

Mi familia

1. Estoy contento/-a de que mi familia _____.
2. Mis padres esperan que (mis hermanos y) yo _____.
3. A veces mis padres tienen miedo de que yo _____.
4. No me gusta que mi padre/madre _____.
5. Cuando estoy en casa, mis padres no quieren que yo _____.

ESCUCHAR

Pronunciación

Las consonantes y, ll, l The letters **y** and **ll** are both pronounced like the initial sound in the English word **yes** in much of the Spanish-speaking world. In some areas, **ll** is pronounced like the middle sound in **galleon**

or **stallion**. In other areas both **y** and **ll** are pronounced like the initial sound in **judge**. You should follow the counsel of your instructor. You will now hear the examples read by a speaker from Venezuela.

1. Yolanda vive en esta calle.
2. Ella ya ha llegado a la fiesta.

Spanish **l** is always pronounced in the front of the mouth, even when it occurs at the end of a word:

1. ¿Qué tal, Lolita?
2. Me siento mal.
3. ¡Qué lástima!

Las consonantes m, ñ, n   Of all the Spanish consonant sounds, the **m** is most like English. The **ñ** is pronounced like the middle sound in **onion** or **union**.

The **n** has a variety of sounds. When **n** precedes any other consonant, its pronunciation blends with the following consonant. For example, before any **m, b, v** or **p**, **n** has an [m] sound. Before any **j, ge** or **gi** it has a sound like the final sound in the word **sing**. At the beginning of a word or between vowels it is pronounced just like an English [n].

1. En Francia, prefiero vivir en París.
2. Paco es un buen amigo.
3. Tu hija es una niña muy bonita.
4. ¿Cuántos años tiene?
5. Angela y Angelo no comen mariscos.

Actividades

A. Dime, Raquel...   Listen as Raquel hears last-minute reminders from concerned family members as she embarks on her first trip alone. Circle the direct object pronoun that belongs in her response.

1. Sí, papi, (lo   los   la   las) tengo.
2. Aquí (lo   los   la   las) tengo.
3. Papi, (lo   los   la   las) voy a poner en mi bolsa.
4. Sí, voy a llamar(nos   la   te) por teléfono.

5. No, gracias. No (lo   los   la   las) necesito.
6. Sí, voy a visitar(lo   los   la   las) en las vacaciones.
7. Sí, (lo   los   la   las) llevo .
8. Voy a conocer(lo   los   la   las) en el aeropuerto.

B. ¿Quién es...?
Alicia does not know the names of many of the people at the party. As she describes them to Javier, he tells her who they are. Listen to their conversation and then label the pictures with the correct names of the people they discuss.

JAVIER   ALICIA

C. ¿Cómo estás?   You will hear five conversations in which people discuss how they feel about various events. Decide which of the drawings below best depicts each conversation and write the number of the conversation below the picture.

_____

_____

_____

_____

_____

D. ¿Y tú? ¿Qué piensas?   Several of your Spanish-speaking friends from the university are coming to you for advice. They would like you to help them decide which is the better choice in each situation. Listen to the dilemma and to how the two choices are described, then circle your recommendation and write a brief phrase or sentence in Spanish that supports your choice.

1. Debes alquilar (el apartamento en la Calle 16/ el apartamento en la Quinta Avenida) porque _____
_____.

2. Debes tomar la clase de (historia de Europa/ ciencia política) porque _____
_____.

3. Debes pasar tus vacaciones en (Nueva York/ Florida) porque _____
_____.

4. Debes ir al baile con (Iván/ Manuel) porque _____
_____.

E. Por la aduana   On international flights arriving at U.S. airports, all passengers are required to fill out a customs declaration. Study the Spanish-language version of this form at the right to find out what kinds of information are required. Then listen to the conversation between two passengers on a flight from Bogotá to New York and complete the form according to the information you hear. Luis, a young Colombian traveling alone, has requested some assistance from another passenger in filling out his customs declaration.

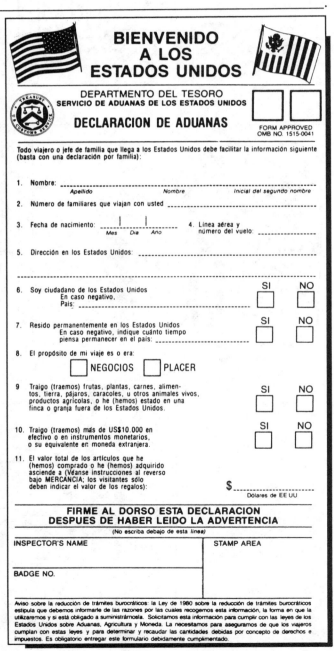

BIENVENIDO
A LOS
ESTADOS UNIDOS

DEPARTMENTO DEL TESORO
SERVICIO DE ADUANAS DE LOS ESTADOS UNIDOS

DECLARACION DE ADUANAS

FORM APPROVED
OMB NO. 1515-0041

Todo viajero o jefe de familia que llega a los Estados Unidos debe facilitar la información siguiente (basta con una declaración por familia):

1. Nombre: _____
      Apellido   Nombre   Inicial del segundo nombre

2. Número de familiares que viajan con usted _____

3. Fecha de nacimiento: ____|____|____   4. Linea aérea y
                          Mes   Dia   Año   número del vuelo: _____

5. Dirección en los Estados Unidos: _____
_____

6. Soy ciudadano de los Estados Unidos   SI [ ] NO [ ]
      En caso negativo,
      País: _____

7. Resido permanentemente en los Estados Unidos   SI [ ] NO [ ]
      En caso negativo, indique cuánto tiempo
      piensa permanecer en el país: _____

8. El propósito de mi viaje es o era:
      [ ] NEGOCIOS   [ ] PLACER

9. Traigo (traemos) frutas, plantas, carnes, alimen-   SI [ ] NO [ ]
   tos, tierra, pájaros, caracoles, u otros animales vivos,
   productos agrícolas, o he (hemos) estado en una
   finca o granja fuera de los Estados Unidos.

10. Traigo (traemos) más de US$10.000 en   SI [ ] NO [ ]
    efectivo o en instrumentos monetarios,
    o su equivalente en moneda extranjera.

11. El valor total de los artículos que he
    (hemos) comprado o he (hemos) adquirido
    asciende a (Véanse instrucciones al reverso
    bajo MERCANCIA; los visitantes sólo
    deben indicar el valor de los regalos): $ _____
                                                   Dólares de EE UU

**FIRME AL DORSO ESTA DECLARACION
DESPUES DE HABER LEIDO LA ADVERTENCIA**
(No escriba debajo de esta linea)

INSPECTOR'S NAME   STAMP AREA

BADGE NO.

Aviso sobre la reducción de trámites burocráticos: la Ley de 1980 sobre la reducción de trámites burocráticos estipula que debemos informarle de las razones por las cuales recogemos esta información, la forma en que la utilizaremos y si está obligado a suministrármosla. Solicitamos esta información para cumplir con las leyes de los Estados Unidos sobre Aduanas, Agricultura y Moneda. La necesitamos para asegurarnos de que los viajeros cumplan con estas leyes y para determinar y recaudar las cantidades debidas por concepto de derechos e impuestos. Es obligatorio entregar este formulario debidamente cumplimentado.

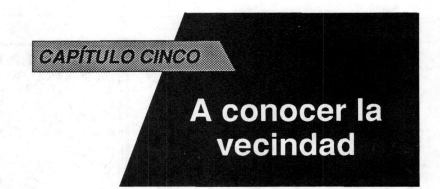

CAPÍTULO CINCO

A conocer la vecindad

LEER

A. En las páginas amarillas In Spanish, when the suffix *-ería* is attached to a noun, it indicates a store or a department in a store. When the suffix *-ero/-a* is attached to a noun, it may indicate the profession or occupation of a person.

1. Complete the following exercise in Spanish following the pattern.

leche = milk	*lechería* = store where dairy products are sold	*lechero* = milkman
_____ = shoe	*zapatería* = shoe store	_____ = shoe salesman, cobbler
_____ = fish	_____ = fish market	*pescadero* = fish seller
jardín = garden	_____ = place for gardening or store that sells gardening equipment	_____ = gardener
_____ = watch	_____ = watch store/repair shop	_____ = watch salesman or repairman

2. Now read and identify in English the stores advertised in the ads on the following page.

a. _____
b. _____
c. _____
d. _____
e. _____
f. _____
g. _____
h. _____
i. _____
j. _____

3. Use the information in the ads to answer the following questions in Spanish.

¿Adónde voy, si…

a. …busco sobres y plumas para la oficina? _____
b. …deseo comprar jamón para la cena? _____
c. …mi hijo quiere ir a comer pizza? _____
d. …quiero comprarle a mi esposo un saco de cuero (*leather*)?_____
e. …necesito comprar un sofá nuevo para la sala? _____
f. …mi hija quiere una bicicleta? _____
g. …quiero un reloj "Rolex"? _____
h. …tengo que comprar un pastel? _____
i. …debo mandar a limpiar el traje de mi esposo? _____
j. …le quiero mandar flores a mi madre? _____

B. Para los consumidores The following ads advertise different products. Before you read them and answer the questions, refer to the food vocabulary found in *Tercera etapa*. Don't hesitate to use the illustration to increase your comprehension. Be sure to answer the questions in English!

1

BIZCOCHOS… LA DULCE GALLETA, SIEMPRE TRADICIONAL Y SIEMPRE NUEVA, PERFECTA COMBINACION DE HARINA, AZUCAR Y HUEVO.

Solos, o con café, o con té, o con chocolate…

—Para hacer agradable su desayuno

—Para sus postres y meriendas

—Para complemento de la alimentación de los suyos

—Para dar el toque exquisito a sus dulces caseros

—Para tener siempre a mano una golosina

—Para saborear calidad y fantasía… **¡BIZCOCHOS!**
¡BIZCOCHOS CUETARA!

a. This ad tells you what a *bizcocho* is. What is it? _____
b. List one ingredient found in a *bizcocho*. _____
c. What three beverages go well with this food? _____
d. In which meals may *bizcochos* be eaten? _____
e. List other ways *bizcochos* may be eaten._____
f. What are two adjectives used to describe *bizcochos*…? _____

* almuerzo

2. Fruti Lupis (ad on page 79)

a. Reading comprehension is improved by anticipating the information to be presented. For example, what kind of information might be included in a cereal ad? Check the items that you think will be presented.

_____ nutritive value

_____ cost

_____ taste

_____ calories

_____ fiber content

_____ convenience

_____ appeal to children

_____ appeal to adults

b. Now read the ad on page 79 and check those categories that were included.

_____ nutritive value

_____ cost

_____ taste

_____ calories

_____ fiber content

_____ convenience

_____ appeal to children

_____ appeal to adults

Answer in English:

How did you do? Which category was emphasized the most? Why? _____

_____

c. The advertisers want to change the image of this cereal. From what to what? _____

_____

d. What three features make this cereal unique? _____

_____

e. *Color, sabor y olor* are given as the reasons why children consider this their favorite cereal. These nouns appeal to sensory perceptions. Which ones? _____

_____

f. The fruit flavors in this cereal are _____, _____ y *cereza* (cherry).

g. *Alimentación balanceada* is what your children will get if they eat this cereal every morning. What is that? _____

_____

h. For whom is this ad intended? _____

_____

2

FRUTI LUPIS* es más que un cereal divertido para sus hijos...

Es el único cereal de Kellogg's* que además de estar adicionado con 6 vitaminas y hierro, *ahora contiene viatmina "C" y sabores naturales de frutas.*

FRUTI LUPIS* es el cereal de **Kellogg's** favorito de los niños. Les encanta por su color, sabor y olor a frutas.
FRUTI LUPIS* con leche, no sólo es divertido y sabroso, está hecho a base de trigo y maíz en exquisitas rosquitas y es delicioso porque contiene esencias de origen natural de naranja y limón, además de su rico sabor a cereza.

Delé a sus hijos todas las mañanas FRUTI LUPIS* de Kellogg's* como parte de una alimentación balanceada.

sólo para MAMÁS

Frutí Lupis

425g

ADICIONADO CON:
Vitamina C
Niacina
Vitamina A
Vitamina B6
Vitamina B2
Vitamina B1
Acido Fólico
Hierro

Kellogg's*

LOS VINOS

Tomar vino se ha convertido es una costumbre muy popular. Pero hay muchos mitos en torno a esta bebida. ¡Conoce todos los secretos que encierra!

LOS VINOS TINTOS ENGORDAN MAS QUE LOS BLANCOS. El color no cuenta cuando de calorías se trata. Lo importante es el contenido de alcohol y de azúcar. Un vino seco, como el Chardonnay californiano, con un 13 por ciento de alcohol, tiene más calorías que un Beaujolais rojo claro con un 11 por ciento de alcohol. Los vinos dulces, como el Sauternes o el Liebfraumilch, engordan más que los secos rojos Burgundy.

LOS VINOS NO DEBEN TOMARSE CUANDO SE QUIERE BAJAR DE PESO. Los vinos tienen como promedio unas 75 calorías por copa. De manera que si sustituyes algunos alimentos altos en calorías por otros bajos en calorías, puedes beber una copa de vino en la cena. Es decir, come verduras en vez de pan... ¡y disfruta tu vino!!!

TOMA VINO BLANCO CON LOS PESCADOS Y TINTO CON LAS CARNES ROJAS. Hacer esto es restringirse demasiado. Hasta hace unos años, la etiqueta lo exigía, pero en la actualidad todo ha cambiado. Ahora, se toma el vino según el plato. En otras palabras, si comes un pescado ligero puedes tomar un vino blanco ligero. Si el pescado es muy condimentado o tiene muchas especias, entonces lo ideal es uno tinto.

TODOS LOS VINOS EFERVESCENTES SON CHAMPAN. Todos los vinos que tienen burbujas, a excepción de los que provienen de la región francesa llamada Champagne, son vinos efervescentes. Pueden ser de California (Estados Unidos), España, Italia o de otras regiones de Francia.

EL VINO ES MALO PARA LA SALUD. Si se consume con moderación, puede ser excelente para tu salud. Ayuda a relajar la tensión y aumenta el nivel de los lípidos, lo cual contribuye a evitar las enfermedades del corazón.

TOMAR CAFE O DUCHARSE ES LO MEJOR PARA BAJAR LOS EFECTOS DEL ALCOHOL. El tiempo es lo único que puede curar el efecto del alcohol. Se calcula que el hígado metaboliza una copa de vino por hora.

SE PUEDE COCINAR CON VINO BARATO. Si no es bueno para tomar, tampoco lo es para cocinar, ya que arruinaría el sabor de la comida.

COMO SE SIRVEN LOS VINOS ESPUMANTES Y EL CHAMPAN

NATURAL: el más seco de todos.
SE SIRVE: con un aperitivo preparado con especias o con el plato principal.
BRUT: muy seco y el más versátil de todos.
SE SIRVE: con cualquier aperitivo, plato principal, ensalada, o como aperitivo.
EXTRA SECO: relativamente seco con una ligera percepción dulce.
SE SIRVE: en el postre, con los dulces o las frutas.
DEMI-SEC: no es nada seco, y sí dulce.
SE SIRVE: generalmente con los postres.

Cocteles

C. El vino   The article on page 80 appeared in *Tú Internacional,* a magazine geared toward young singles, particularly women.

1. Look at the title and photograph of the article and read only the boldfaced captions. Observe how the text is divided. Keeping in mind the source of this article as well as the information you have gleaned from this first look, which of the following might you expect to learn after reading this article? Put a check by those items below which probably would **not** be treated in this article:

_____ how to make wine at home

_____ how to select appropriate wines

_____ the importance of wine to the economy of Spain

_____ the impact of wines on diets

_____ a personality profile of a renowned wine connoisseur

_____ how wine affects the body

_____ the kinds of wine popularly available

_____ the contribution of wine to the problem of alcoholism

_____ cooking with wine

2. As you have seen in this selection and in previous ones, it is helpful to notice how a longer text is divided into sections. Similarly, you can enhance your understanding even more by recognizing how those smaller sections are organized internally.

   a. A paragraph is generally composed of a thesis sentence (which states the main premise of the paragraph) and several supporting or explanatory sentences. In this article, however, the paragraphs have a slightly different structure. Here, the first sentence presents a common myth about wine and the following sentences give reasons and examples which **refute** the myth or misconception. Keeping in mind this paragraph structure will help you understand this article much better. In the fourth paragraph, for example, the first sentence says *"EL VINO ES MALO PARA LA SALUD"*; the rest of the paragraph gives examples of how drinking wine in moderation can actually be beneficial to certain aspects of health. Read that paragraph now and write here in English one health benefit of drinking wine:

   _____

   b. Within a paragraph, various techniques are used to help the reader grasp essential information. One of these techniques is to highlight the key facts with expressions such as these:

lo importante	the important thing
lo ideal	the ideal
lo único	the only thing
lo bueno	the good part
lo malo	the bad part

   Another way is to explain and expand upon the main points by rephrasing ideas and giving examples. These techniques are introduced by phrases such as these:

es decir	that is, in other words
en otras palabras	in other words
como	such as, like

   Before proceeding, go back to the article on wines and locate six of the expressions mentioned above; circle them in the text.

3. Now read the article in its entirety. Then mark if the following statements are true or false; correct the false statements to make them true.

_____ a. The **color** of a wine is a good indication of how many calories it has.

_____ b. If you are on a diet to lose weight, you should not drink wine because it has literally hundreds of calories per glass.

_____ c. With fish, you should always serve a white wine rather than a red one.

_____ d. The word "champagne" should be reserved only for those sparkling wines which come from the region of France known as Champagne.

_____ e. Drinking coffee is a good way to sober up.

_____ f. It is a good idea to use cheaper wines for cooking rather than for drinking.

D. Vamos a comer The next two items are menus from hotel restaurants in Spain. Item 1 is from the "Le Relais" restaurant in the Eurobuilding Hotel in Madrid; Item 2 is from the restaurant in the Hotel Ritz in Barcelona. Consult these menus as you complete the exercises below and on page 83.

1

Buenos días:

Su desayuno Buffet le espera en Le Relais

Café The o Chocolate

Tostadas

Croissant, Suizos, Plum Cake

Mantequilla, Mermelada, Miel

Huevos a elegir

Jamón de York

Fiambres Variados

Queso de Nata

Cereales Caliente o Frío

Zumos de Frutas, Naranja, Limón, etc.

Fruta Natural

Compotas

Precio 700 ptas.

Servicio e impuestos incluidos excepto I.T.E.

2

Desayunos

Desayuno completo	1.000

Zumo de naranja
Huevo a la coque

Mermelada o miel
Croissants, Brioches, Panecillos y Mantequilla

Café, Té, Chocolate o Leche

Zumo de tomate, pomelo	390
Zumo de naranja, limón	390
Café, té, chocolate	150
Infusión	150

Corn-flakes, rice-crispies	360
Porridge	360
Queso	630
Yoghurt	150
Tostadas, croissant, brioche, panecillo	150

Huevos

Huevo a la coque	200
Huevo poché	200
Huevos revueltos	500
Huevos al plato	500
Huevos con bacon o jamón de York	640
Tortilla a la francesa	640
Tortilla de jamón	1.200
Tortilla de queso	640

Fiambres

Jamón de York	680
Jamón de Jabugo	1.000

Fruta

Compota de frutas	550
Macedonia de frutas	500
Fruta del tiempo (porción)	320

IMPUESTOS % NO INCLUIDOS

1. These menus are for:

a. breakfast   d. snacks

b. lunch   e. cocktails

c. dinner   f. all of these

2. Which restaurant offers these options? Mark your answers wtih a check (✔) mark.

	Le Relais	Ritz
Buffet		
A la carte		
Fixed price meals		

3. Although some words on these menus may be unfamiliar to you, you can probably guess the meaning of a few of them from their contexts. For example, find the word *zumo* in both menus. Notice the category of foods it is found under, as well as the words associated with it.

What would you guess *zumo* means in English?_____

4. In some restaurants, service charges and taxes are already included in the menu's prices; in others, these are added to the bill. In either case, the menu generally advises you of the restaurant's policy.

Are these charges already included in the prices at the Le Relais? _____

At the Ritz? _____

5. How much would each of the following meals cost at the Ritz?

    a. Coffee, toast, fruit salad: _____ pesetas

    b. Orange juice, one poached egg, cold cereal: _____ pesetas

6. ¿Cuál de los dos restaurantes prefiere Ud.? ¿Por qué? (Answer in Spanish.) _____

_____

E. La dieta Read the sample diet menu provided and answer the questions in English.

Desayuno:
1/2 toronja (pomelo)
1/2 taza de requesón ("cottage cheese")
1 tostada de dieta, preferiblemente de
  trigo integral
1 taza de té o café con leche en polvo a
  leche descremada

Almuerzo:
2 huevos duros
85 gr (3 oz) de lascas de pavo
3 ruedas de tomate, aliñadas con jugo de limón
1 tostada de dieta o un panecillo de trigo integral

Cena:
113 gr (4 oz) de camarones hervidos, sazonados con
   hierbas aromáticas o el equivalente de pescado asado
1 taza de coliflor o brécol
1/2 taza de arroz integral cocido
1 manzana asada o...
1 taza de gelatina de dieta de su sabor favorito
1 taza de té o café con leche en polvo o leche descremada

1. Skim the breakfast menu and list the food items allowed._____

_____

_____

_____

2. What type of bread is indicated? (¡OJO! *Trigo integral* = whole wheat) _____

_____

3. The two types of milk allowed are *leche en polvo* and *leche descremada* . Since this is a weight reduction diet, can you guess what the types of milk are? (¡OJO! The prefix *des* = the opposite of the root word.)

_____

4. Skim the lunch menu and record in English the items permitted. _____

_____

_____

_____

5. How is the quantity of meat listed? Which measurement comes first? _____

_____

6. How are the tomato slices seasoned? _____

_____

7. Skim the dinner menu and write in English the food items suggested. _____

_____

_____

_____

8. The person on this diet may choose between what two types of seafood on the dinner menu? (Answer in English) _____

   What two vegetables? _____

   What two desserts? _____

9. *Asado* or *asada* means "baked." What two items are to be baked? _____

_____

11. *Su sabor favorito* refers to "your favorite flavor." What are your favorite flavors of the item indicated?

_____

ESCRIBIR

Primera etapa

A. ¿Dónde...? Your Cuban friend from Miami is staying with you for a few days. Since you are at work and in class most of the day, the two of you often communicate by notes. Reply to each of the notes below and provide the information requested. Refer to the pictures when you supply information regarding location.

Modelo:

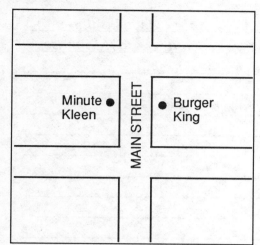

> *Tengo que llevar mis pantalones a una tintorería. ¿Hay una por aquí cerca?*
>
> *¡Claro que sí! La tintorería Minute Kleen está en la calle Main, enfrente del Burger King.*

1

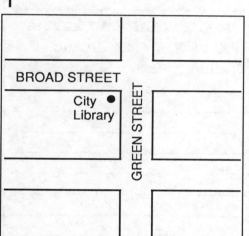

> *Tengo que ir a la biblioteca municipal esta noche. Está en la Calle Sumter, ¿verdad?*

2

> *No sé dónde están las llaves (keys) para mis maletas. ¿Las has visto?*

3

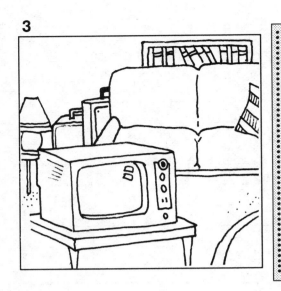

Gracias por tu nota. Ahora tengo las llaves pero no encuentro (encontrar - to find) mis maletas. ¿Sabes dónde están?

4

Me alegro mucho de que vayas al cine con nosotros esta tarde. ¿Dónde nos encontramos (encontrarse - to meet)?

5

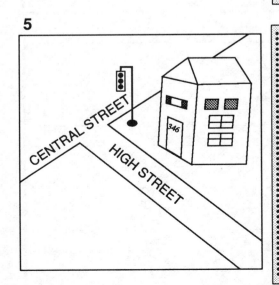

Voy a salir con Julia mañana pero no sé su dirección. ¿Sabes dónde vive?

B. ¿Qué han hecho?   In each of the following situations, what questions might these concerned parents ask in a letter to their children? Write a letter listing as many of these questions as you can. Use the present perfect tense when appropriate. Refer to the pictures for ideas. The first one has been started for you.

1. Doña Emilia's daughter has just gotten married and moved to another city. She's very concerned about her daughter's welfare in the new city.

¿Han encontrado Uds. casa?

2. Sra. Cortez is wondering what her son Antonio has done during his first week at camp.

3. Sr. Gómez is writing to his son, who has just spent his first week away at a college in New York.

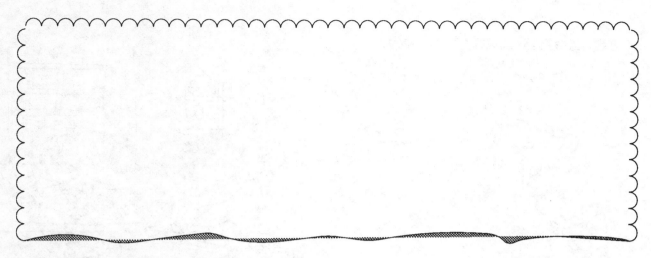

C. Tarjetas de allí, allá y acullá   Look at the following illustrations that represent where these individuals have been and what they have done. Read the sample provided and complete the postcards in Spanish from the point of view of the individuals in the illustrations.

Modelo:

Queridos padres,

  Hemos llegado bien a Hawaii. ¡Nuestras vacaciones han sido maravillosas! Nos hemos divertido muchísimo. Hemos comido poi. ¡Es delicioso! También hemos visto a las chicas bailar "hula". ¡Hasta pronto!

  Besos y abrazos de
                    Luisa

1 *EL CAMPAMENTO DEL SOL*

Queridos padres,

2

Queridos hijos,

3

Querido Juan,

A. Antes de ir de compras   Use the following vocabulary list to write a complete shopping list for the items specified in the diet menu found in **Reading Exercise E** (page 83). Keep in mind the quantities in which food comes; for example, if the menu has *tostada*, you need to write *1 barra de pan*, because bread is purchased by loaves, and so forth.

una lata = a can
una caja = a box
una bolsa = a bag
un paquete = a pkg.
una botella = a bottle
un frasco = a jar
una docena = a dozen

unas lascas = slices
una cabeza = a head (lettuce)
un racimo = a bunch
una barra = a loaf
28 gramos = 1 oz.
1 kilo = $2^1/5$ lbs.
1 litro = 4 cups

If you were shopping for these items at Spanish specialty shops, which ones would you have to visit?

B. ¡Qué horario!   Today Señora Leopoldo has to do the following tasks. How might she record them in her list of things to do?

Tengo que...

1. Give Miguelito money for lunch.
2. Call the cleaner's and ask if they can remove the stain from Arturo's tie.
3. Buy sweet rolls at the bakery for a meeting at work.
4. Eat lunch with a client *(un cliente)* at "Restaurante El Gallo."
5. Buy cake for Mother's birthday at the pastry shop.
6. Call the seamstress and ask her when the new dress will be ready.
7. Go to the shoe store and buy sandals for black dress.
8. Buy a plant for Mother at flower shop.
9. Invite mother's friends to her birthday party.

Tengo que...

1. *darle dinero a Miguelito para comprar el almuerzo.*

_____

_____

_____

_____

_____

_____

_____

C. ¿A quién...?   Fill in the blanks with indirect object pronouns that fit the sense of the conversation.

1. (Mamá le lee un cuento a Pepe.)
   —Mamá, ¿quieres leer _____ *Pinocho* ?
   —Ay Pepe, hemos leído *Pinocho* mil veces. Ven y _____ leo un cuento de *Las mil y una noches*.

2. (Dos hermanas hablan del cumpleaños de su padre.)
   —Silvia, el cumpleaños de papá es pasado mañana. ¿Qué _____ vamos a dar?
   —No sé...¿Por qué no _____ compramos un libro?

3. (Susana abre sus regalos en el día de su santo.)
   —Mira, mamá. ¡Qué suéter más elegante! Es de los abuelos.
   —Ah, sí, hija, es muy bonito. Pues, debes escribir_____ una carta y dar_____ las gracias hoy mismo.

4. (Dos secretarias comparan las actitudes de sus respectivos jefes.)
   —Esta mañana en nuestra reunión el jefe _____ ha dicho que ya no podemos llevar mini-falda en la oficina.
   —¡Ah! Pues, el nuestro _____ ha dicho que debemos llevarla.

5. (La Sra. Rodríguez le da instrucciones a la niñera que va a cuidar a sus dos hijos.)
   —Bueno, señora, y si tienen hambre ¿qué _____ doy?
   —Pues, a Rosita _____ preparas un sandwich; pero a Joselito _____ das sólo una fruta, porque si él come mucho, no duerme bien.

Tercera etapa

A. En el restaurante   Write mini-dialogs in Spanish with a minimum of two lines in each to illustrate the situations in the drawings on page 94.

1
_____
_____
_____
_____
_____
_____

2
_____
_____
_____
_____
_____
_____

3
_____
_____
_____
_____
_____
_____

4
_____
_____
_____
_____
_____
_____

5 _____
_____
_____
_____
_____
_____

B. Conozco un restaurante excelente...   A newly arrived exchange student would like your advice about where to take his date for dinner. Since he doesn't have a car, he needs the name of a good restaurant fairly near your campus. Write a note in Spanish in which you tell him:

- where he should go with his date
- where that restaurant is located
- what kinds of food are served there, including any specialties you have personally tried and enjoyed
- how much he can expect to pay
- whether or not he should call first to make a reservation

_____
_____
_____
_____
_____
_____
_____
_____
_____
_____
_____
_____
_____
_____
_____

C. Los consejos de Clarín   You write an advice column for your Spanish class' newspaper under the pseudonym of "Clarín." The letters on page 96 are from classmates seeking your advice; what recommendations will you make to them? Try to incorporate some of the following expressions in your responses.

¡OJO! Depending on how **you** decide to phrase your advice, you may need to use an infinitive, the present subjunctive or the present indicative after these expressions:

Es posible...
Es mejor...
Es preciso...
Es preferible...
Tienes que...
Debes...

1

□□□□

Querido Clarín,

Mi novia, Sofía, es una muchacha excelente—es guapa, inteligente y simpática. Pero recientemente, cuando la llamo por teléfono, nunca está en casa. Cuando le pregunto dónde ha estado, no me contesta. ¿Qué piensas tú?

"Confuso"

Clarín

2

MUCHACHAS

Querido Clarín,

Siempre he sido una estudiante buena, pero este semestre es un desastre—¡mis notas *(grades)* son horribles! Además, no tengo ganas de hacer nada menos *(except)* comer. Como pasteles y dulces a todas horas del día. ¡He engordado casi tres kilos! Necesito tus consejos.

"Deprimida"

Clarín

3

Querido Clarín,

La semana entrante voy a salir con una compañera de clase. Julia es un verdadero ángel—¡la chica de mis sueños! Ésta es nuestra primera cita y quiero llevarla a un restaurante romántico. El problema es que, francamente, ando mal de dinero. ¿Qué dices tú? ¿Es preciso que yo pague para los dos?

"Ingenuo"

Clarín

ESCUCHAR

Pronunciación

Las consonantes r, rr   The **r** has two sounds. At the beginning of a word it is pronounced the same as the spanish **rr,** that is, as a trilled sound similar to that made by people who imitate the sound of a motor. In other positions the **r** is a single flap rather than a trill, and sounds very much like the **tt** or **dd** in English words like **butter** or **bedding**. Between vowels, it is very important to distinguish between the flap [r] and the trilled [rr], since different words result. Please repeat the following sentences after the speaker.

1. Un Mercedes es un carro caro.
2. El arroz con pollo es muy rico.
3. Me gustan los gatos pero no los perros.
4. Ahora, Roberto va a hablar.

La consonante x   The letter **x** is usually pronounced as a [ks]. For some speakers, however, it is pronounced as [s] before a following consonant.

1. Existen exámenes muy extraños, ¿verdad?
2. El profesor explicó la sexta frase.
3. José es un excelente estudiante extranjero.

Actividades

A. Por el vecindario Listen as the landlady of the "Pensión de Magdalena" tries to familiarize you with the neighborhood and the services available at the specialty shops. In Spanish, label the buildings she identifies on the illustration provided. You will hear her description twice.

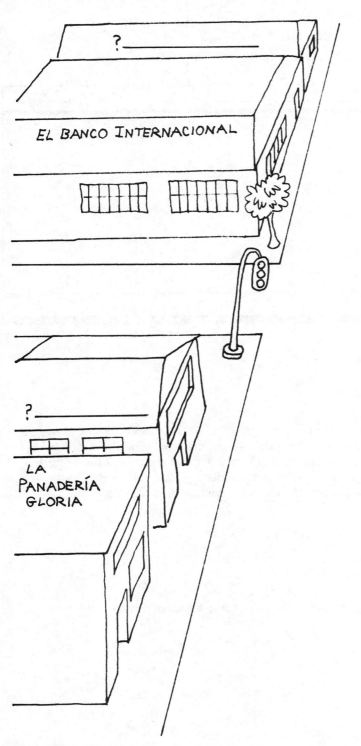

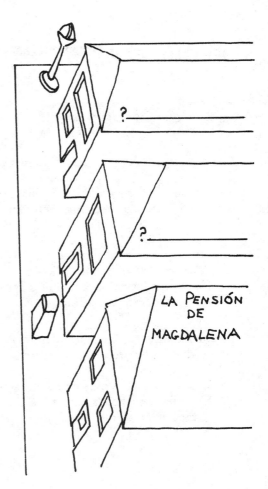

B. ¿Ya lo has hecho?   In each of the following conversations, people are being asked whether or not they have already done certain tasks. Listen carefully to the responses, then indicate on the chart if the task has been completed or not.

1. María, an experienced traveler, is questioning her friend Lucía about her preparations for her first trip abroad.

   Has Lucía gotten these things yet?

	Sí	No
Pasaporte		
Tarjeta de turista		
Boletos de avión		
Reservaciones		

2. Sr. González calls home at midmorning to ask the sitter how little Paco is getting along.

   Has Paco done these things already?

	Sí	No
Levantado		
Bañado		
Vestido		
Desayunado		

3. Sr. Pozo is finding out if Juan Carlos and Sofía have done all their chores.

   Have Carlos and Sofía already done these things?

	Sí	No
Pasado la aspiradora		
Ido a la tintorería		
Escrito una carta		
Dado las gracias a tía Eulalia		

C. De tienda en tienda   Listen to the excerpts of dialogs taking place at various establishments and identify where they take place by recording the number next to the corresponding business. You will hear each dialog twice.

_____ La carnicería   _____ La farmacia

_____ La lechería   _____ La papelería

_____ La pescadería   _____ La tintorería

_____ La florería   _____ La pensión

_____ La pastelería   _____ El restaurante

D. ¿Qué ha hecho Juan Pablo?   A detective calls a female client to report what suspicious things her husband has done today. Listen to his report and determine if the following statements are true *(Cierto)* or false *(Falso)* and check the appropriate column. You will hear his report twice.

	Cierto	Falso
1. Juan Pablo ha trabajado hoy.	———	———
2. Juan Pablo ha sacado todo el dinero del banco.	———	———
3. Juan Pablo ha hecho reservaciones para dos personas para ir a México.	———	———
4. Juan Pablo ha comprado un coche deportivo.	———	———
5. Juan Pablo ha comprado ropa elegante y moderna.	———	———
6. Juan Pablo le ha comprado muchos regalos a su esposa en una joyería.	———	———
7. Juan Pablo ha almorzado con su hermana.	———	———
8. Juan Pablo ha almorzado con su mamá.	———	———
9. Juan Pablo ha ido al hotel solo.	———	———

E. "Y después..."   Sra. Moreno is telling her maid what errands to run and what articles to purchase. As you listen to each instruction, decide what establishment the maid will need to visit for the task, and jot down in Spanish the specific errand or purchase she will make there. For example, if Sra. Moreno asks the maid to buy some cheese, you will write *queso* under the category of *lechería*.

Carnicería -

Tintorería -

Zapatería -

Panadería -

Papelería -

Mercado -

F.   Y ¿para Ud.?   The Mujica family is having supper in a restaurant. Listen to their conversation with the waitress and write down in Spanish what each person orders for dinner.

Oscar -

Mirta -

José -

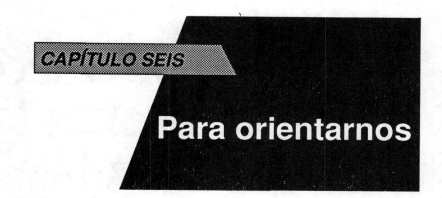

LEER

A. Vuele con Eastern   Examine the ad for Eastern Air Lines on page 104 and answer the questions below in English.

1. Of the choices below, which seems to best describe the purpose of this ad? Indicate your response with a check mark.

    ___ a. Announce new package tours (hotel, rental car, air fare) available through Eastern Air Lines.

    ___ b. Persuade business travelers to fly with Eastern.

    ___ c. Interest readers in enrolling in the Frequent Travelers Program.

2. If you chose the third response in the question above, you were correct. Let's look at the terms of the program now.

    a. What mileage award is granted for simply joining the program? _____ For short trips? _____ For longer trips? _____

    b. In addition to flying with Eastern, what are two ways one may earn mileage awards?
       1. _____   2. _____

    c. What bonus does one receive for accumulating 40,000 miles? _____

    d. How many different destinations are available to travelers who fly with Eastern? _____

    e. What must one do to enroll in the program? _____

3. Read and complete the cutout form in the ad with your own personal information.

No se quede ahí sentado: ¡gánese un viaje gratis!

Hacerse miembro de nuestro **Programa de Bonificación para Viajeros Frecuentes** es tan fácil como llenar este cupón. Y después, siéntese cómodo en su avión y empiece a acumular millaje para ganar viajes gratis a más de 90 ciudades en los Estados Unidos y Canadá. O a más de 50 fascinantes destinos en Latinoamérica, el Caribe, Europa y el Medio Oriente.

Con sólo inscribirse, Eastern le regala 5,000 millas. Y después, por cada viaje, usted gana de 1,000 millas en adelante en rutas cortas y 5,000; 6,000 o hasta 7,000 en rutas de mayor alcance. Acumule 40,000 y ya usted ganó un pasaje gratis. También puede acumular millaje alojándose en los hoteles Marriott o rentando automóviles de National Car Rental, Hertz, Dollar o General Rent-a-Car. Así que no vuele por volar. Vuele y gane boletos gratis llenando y enviándonos cuanto antes el siguiente cupón.

Programa de Bonificación para
Viajeros Frecuentes
(Frequent Travelers Bonus Program)
Eastern Airlines
AMF O'Hare P.O. Box 66934
Chicago, Illinois 60666

Sr/Sra/Srta_____
            (Nombre)   *(Apellido)*
Compañía_____
Dirección_____
                    (Oficina/Apto. No.)
_____
 (Ciudad)   *(Estado)*   *(Código Postal)*
Teléfono *(Oficina)*_____ *(Residencia)*_____

EASTERN
Las alas de América

B. De vacaciones en Cartagena   The following is an advertisement for Hotel Caribe in Cartagena, Colombia. Before you read it and answer the questions, complete exercises 1 and 2 on page 106.

HOTEL CARIBE

PLANES
Cartagena
Caribe
1987

vacaciones en familia.

Un maravilloso plan para disfrutar en compañía de toda la familia.

INCLUYE:

Coctel de bienvenida en su bar Bolero
Habitación con nevera
Servicio minibar
Televisión a color con canales vía satélite
Música ambiental
Aire acondicionado central
Gimnasio y sauna (Una entrada)
Toallas y carpas para piscina y playa
Llamadas telefónicas locales
Parqueadero gratis
10o/o de descuento en alquiler de carros Hertz
Niños menores de 12 años GRATIS en la misma habitación de los padres (Máximo 2)

BAJA TEMPORADA:

PLAN "A" FAMILIAR EUROPEO

$ 4.200 POR PERSONA

PLAN "B" Americano modificado con desayuno continental y cena incluídos

$ 5.500 POR PERSONA

(NOTA: No incluye impuestos).

Verano estudiantil.

Ideal para grupos estudiantiles que desean vibrar al ritmo del sol caribeño.

INCLUYE:

Coctel de bienvenida estilo Caribe tropical
Lujosas habitaciones(mínimo 4 a 6 personas)
Aire acondicionado central
Servicio de minibar
Televisión a color con canales vía satélite
Música ambiental
Desayuno americano diario
Cena o almuerzo diario
Cancha de tenis diurna
Llamadas telefónicas locales
Acomodación de un tour conductor gratis
IMPUESTOS: 10o/o IVA, 5o/o Impuesto turismo y $20.oo pax seguro hotelero.

BAJA TEMPORADA:
Abril 20 - Junio 14/Sept. 1 - Dic. 14/

$ 3.900
Por persona en habitación múltiple.

ALTA TEMPORADA:
Junio 15 - Agosto 15/

$ 5.300
Por persona en habitación múltiple.

NOTA: Tarifas válidas para grupos de15 personas mínimo.

Luna de Miel y Bodas de Oro y Plata.

Romántico plan lleno de amor, ideal para recien casados o para adultos que desean celebrar su aniversario de casados o su segunda luna de miel.

INCLUYE:

- Coctel romántico en el bar sala de baile Bolero
- Botella de champagne
- Canasta de frutas
- Lujosas habitaciones
- Aire acondicionado central
- Servicio de minibar
- Televisión a color con canales vía satélite
- Desayuno americano diario
- Primera entrada al gimnasio y sauna
- Toallas y carpas para la playa
- Llamadas locales gratis
- Parqueadero gratis
- 20o/o de descuento en alquiler de carros Hertz
- Regalo souvenir sorpresa

BAJA TEMPORADA.
Abril 20 - Junio 14/ Agos. 16 - Dic. 14/

PLAN A: 4 DIAS - 3 NOCHES

$ 10.300 por día
Por pareja en habitación doble.

1. **Antes de leer**

   a. The suffix *-oso* is used in Spanish to form adjectives. The English equivalent is *-ous*. Add the Spanish suffix to the following roots and give the English equivalent.

      English

      fabul_____   _____

      gener_____   _____

      fam_____   _____

   b. In the ad the adjective "maravilloso" is used to describe the first package. What does it mean?

      _____

2. Skim over the names and illustrations used to represent the different packages offered at the Hotel. Write in English the tourist groups for which each package is intended.

   "Vacaciones en familia" _____

   "Verano estudiantil" _____

   "Luna de miel y Bodas de oro y plata" _____

3. Read the ads and answer the questions.

   a. What is *baja temporada*? What dates does it include in the *Luna de Miel* package?

      _____

   b. What is *alta temporada*? When is it in the *Verano estudiantil* package?

      _____

   c. What special features make the *Vacaciones en familia* appealing to its target group?

      _____

   d. What special features would attract people to *Verano estudiantil*?

      _____

   e. What features make *Luna de miel* appealing to its target group?

      _____

   f. The prices are given in Colombian pesos. If the exchange rate is approximately 224 *pesos* to one dollar, what are the prices of the packages? _____

4. ¿Qué plan le interesaría a...?

   _____ Héctor y Marisa Porfiero van a celebrar 25 años de casados.

   _____ Lynn, Kelly, Patti y Carol quieren ir de vacaciones a un lugar donde puedan ir a la playa y practicar español.

   _____ Enrique y Caridad van a casarse en junio.

   _____ Los señores Vargas y sus hijos tienen una semana de vacaciones en agosto.

C. ¿Cómo se va?   The following text is a set of computerized driving directions provided by Hertz Rent-a-Car at the Greater Pittsburgh International Airport. Refer to them as you complete the exercises that follow in English. *

```
                    H E R T Z
        INSTRUCCIONES COMPUTADORIZADAS PARA MANEJAR
        GREATER PITTSBURGH INTERNATIONAL AIRPORT:

DE FORD RESTAURANT                    APROXIMADAMENTE
LAWYER'S BLDG.                          14.4 MILLAS
PITTSBURGH, PA.                       O :28 TIEMPO PARA LLEGAR
412- 391- 8873


- - - - - - - - - - - - - - - - - - - - - - - - - - - - - - -
PARA SALIR: Siga el flujo del tráffico hasta el porton; muestre al
            guardia el sobre de alquiler de HERTZ.  Doble derecha
            hacia la rampa hasta el semáforo de la Ruta 60.

-------------------------------------------------------------
    0.1 MI          A     RTE 60 SOUTH tuerza a la IZQUIERDA
    4.6 MI SUR      A     I-279 NORTH continue
    8.6 MI NORTE    A     FORT PITT TUNNEL continue
                          I-376 EAST siga a la DERECHA
    0.5 MI ESTE     A     GRANT STREET RAMP salga a la IZQUIERDA
    5.0 BL NORTE    A     FORBES AVENUE tuerza a la IZQUIERDA
    1.0 BL OESTE    A     DE FORD a su IZQUIERDA
-------------------------------------------------------------


PARA REGRESAR a la facilidad HERTZ a traves de la I-279N /RTE 60N:

    Salga a la derecha hasta la terminal del aeropuerto / rampa de
    estacionamiento de corto plazo.  Doble derecha en la señal de
    devolución de autos de HERTZ y entre en el área a la IZQUIERDA.

PARA REGRESAR a la facilidad HERTZ a traves de la RTE 60S:

    Doble derecha hacia la terminal del aeropuerto y prosiga
    circulando hasta el semaforo.  Atraviese la Ruta 60 y entre al
    área en la señal de "HERTZ CAR RETURN".
```

1. These instructions are composed of four main sections, as outlined below. Locate each main section on the text itself and label each a, b, c or d.

   a. basic information about destination, driving time, etc.
   b. directions to leave the Hertz parking lot
   c. directions to the destination
   d. directions to return to the airport

   Refer to these main sections as you continue answering the questions on page 108 in English.

*Authentic materials have not been altered. You may notice some typographical errors.

2. The top section of the page explains the basic information you need for driving. What is the destination? _____ How many miles is it to this location? _____ About how long will it take to get there? _____

3. Below is a translation of the instructions describing how to leave the parking lot and get to the first highway. Complete the blanks with the missing information:

" _____ the flow of traffic _____ the gate; _____ the guard your Hertz rental _____. _____ _____ towards the ramp and continue up to the _____ on Route 60."

4. The main section of the instructions explains the specific route from the airport to the restaurant. After you leave the parking lot and approach the stoplight, should you turn left or right to get onto Route 60 South? _____ For how many miles will you drive along 60 South before reaching I-279? _____ Will you go through the Fort Pitt Tunnel or exit before reaching it? _____ How many miles will you travel along I-376 before reaching the Grant Street Ramp? _____ On which street is the restaurant located? _____ On which side of the street? _____

ESCRIBIR

Primera etapa

A. **Un telegrama**   You are in Bogotá, Colombia, and since you plan to spend a few days on the coast in Cartagena, you decide to send a telegram to the Hotel Caribe to confirm your reservation for lodging. In Spanish, complete the form on page 109 with the information provided.

Send to:

Hotel Caribe
Cra. 1A. No. 2-87 Bocagrande
Apdo. Aéreo 12601
Cartagena, Colombia

Favor de confirmar:

- one double room with two beds with bath, 5th floor, no smoking
- 3 nights and four days for 2 adults and 1 child
- arrive on June 20th
- depart June 24th
- rental car

```
MINISTERIO DE COMUNICACIONES                    TELEGRAMA VIA TELECOM

    (TELECOM logo)          | NUMERO | PALABRAS | VALOR | COD. CTA. CORRIENTE |
                            |        |          |       |                     |
                            |        |          |       |                     |


CIUDAD DE ORIGEN Y FECHA: _____

DIRIGIDO A : _____

DIRECCION COMPLETA: _____

DESTINO (CIUDAD Y DEPARTAMENTO) : _____

_____

_____

_____

_____

_____

_____

                                                          Imprenta Telecom F - 0003

======= DATOS DEL REMITENTE NO SE TRANSMITEN NI SE COBRAN =======


_____        _____        _____
NOMBRE Y APELLIDO              FIRMA             DIRECCION O TELEFONO
```

B. El ascenso   Your best friend is under consideration for a promotion in an international corporation. His last interview is going to be with an Hispanic executive to whom he will have to explain orally, in Spanish, why he deserves the promotion. He asks you to help him complete a list of points he wants to present during the interview. Read his list and provide the missing elements. (**¡OJO!** Subjunctive may be needed in some cases.)

1. _____ *(I know)* que ésta es una decisión difícil.

2. Espero que _____ *(I can)* servirles en el futuro.

3. Siempre _____ *(I have worked)* con entusiasmo para Uds.

4. _____ *(I know)* bien la compañía y sus productos.

5. Mis colegas y mis clientes dicen que _____ *(I am)* un buen trabajador.

6. Recuerde que _____ *(I am familiar with)* las culturas hispanas.

7. No olvide que _____ *(I like)* viajar.

8. Quiero que Uds. _____ *(know)* que yo hablo español.

9. Es importante que el mejor candidato _____ *(receive)* la promoción.

C. Una carta de Alicia You have just found out that your pen pal is coming to this country to see some sights and to visit you at your university. Here is the letter you write to her in response to this good news. Complete the missing portions in Spanish as directed in the notes to the side.

_____

Querida Alicia,

Acabo de recibir tu carta. Me alegro mucho de que _____
_____. ¡Por fin vamos a conocernos!_

_Me preguntaste por el nombre de un buen hotel, pero ¡de hoteles,
nada! Insisto en que_ _____.
Ya tengo tu cama lista.

Con respecto al tiempo, aquí _____.
_Por eso, es preferible que_____
_____

_Ya he hablado con todos mis compañeros de clase de tu visita y
todos quieren conocerte. También quiero que_ _____
_____.

_Dices que piensas ir directamente a la casa de tus tíos después de
pasar unos días conmigo. Pero yo sugiero que_ _____
_____ porque_ _____
_____. Ya verás. Te va a gustar muchísimo._

Bueno, Alicia ahora tengo que irme porque _____
_____. Espero que_ _____
_____. ¡Hasta pronto!_

Un abrazo de _____.

1. Write in the date.

2. Say how happy you are that she is coming for a visit.

3. Insist that she stay with you in your home or dormitory.

4. Describe what the weather is like this time of year.

5. Recommend what kind of clothing she should bring.

6. Say whom you would especially like for her to meet and explain why.

7. Suggest that she go to see some other city or attraction near you and explain why.

8. Make an excuse as to why you must end the letter.

9. Wish her a good trip.

10. Sign your name.

Segunda etapa

A. En el hotel You go to a conference in Madrid, Spain, where you stay at the Hotel Florida Norte. In Spanish, complete the following exchange that takes place between you and the front desk clerk. You'll have to provide missing information about your room.

Empleado: ¿En qué puedo servirle?

Tú: _____.

Empleado: ¿Tiene Ud. reservación?

Tú: _____. ¿_____?

Empleado: Sí, todas las habitaciones tienen baño privado. ¿Para cuántas personas es la habitación?

Tú: _____.

Empleado: ¿Desea una cama matrimonial o dos camas sencillas?

Tú: _____.

Empleado: ¿Cuántas noches piensa pasar?

Tú: _____. ¿_____?

Empleado: Cuesta diez mil pesetas por día.

Tú: ¿_____?

Empleado: Sí, aceptamos tarjetas de crédito.

Tú: ¿_____?

Empleado: Sí, hay un restaurante bueno y tenemos servicio de habitación. Aquí tiene la llave. Es la
habitación #384. Está en el tercer piso.

Tú: _____.

Empleado: De nada.

B. Una carta a Mercedes   While on a weekend trip to Atlanta, you decide to write to your friend
Mercedes, in San José, Costa Rica. After you greet her and ask how she is, tell her where you are and describe
the hotel where you are staying. The brochure included describes the hotel. Using the hotel sta-
tionery provided, write your letter in Spanish. Try not to
use a dictionary; instead
use vocabulary
words you
already know.

Atlanta Perimeter
6120 Peachtree Dunwoody
Atlanta, Georgia 30328
(404) 668-0808

♦ 224 spacious suites, each featuring
  · *Separate living room, king-sized
    bedroom and luxurious marbled
    bath with private dressing area*
  · *Large well-lit work desk*
  · *Wet bar with coffee/tea service*
  · *Refrigerator stocked with
    complimentary soft drinks*
  · *2 televisions—each with remote-
    control*
  · *2 telephones with call-waiting*
♦ 2,000 square-foot Conference Center,
  divisible into 3 sections, accommodating 70 classroom style and 130
  theater style

♦ 560 square-foot Executive Board-
  room accommodating up to 14 people
♦ 4 Conference King Suites, ideal for
  meetings of 6 or fewer
♦ Hospitality Suite for small meetings
  and receptions
♦ Casual dining restaurant and lounge
♦ Private dining room accommodating
  up to 30 people
♦ Indoor/outdoor swimming pool, whirl-
  pool, health club and saunas
♦ Commercial airport limousine service
♦ Facsimile service
♦ Free parking
♦ Sundry shop

DIRECTIONS: Traveling I-285 East, take
Exit 18 and go left (north) on Glenridge
Drive. Turn right on Hammond and left on
Peachtree-Dunwoody. Traveling I-285 West,
take exit 20 and go right (north) on Peachtree-
Dunwoody Road. Hotel is 1/2 mile on left.

C. ¡No te olvides!   Sra. Alvaredo is the mother of four and a full-time employee of the Banco Central. On a particularly busy Monday morning, she needs to write messages to different members of the household before heading for work. How might she phrase the following notes? Incorporate familiar commands and softened requests as appropriate; an example is completed for you.

Modelo: Sra. Alvaredo wants to remind little Jorge to wear his boots today because it's going to rain.

Jorge,
Ponte las botas hoy, que va a llover.
Un abrazo de tu Mamá

1. Sra. Alvaredo wants her son, Emilio, to take his suit to the dry cleaner's. She reminds him to be careful with the car *(carro)* because it's raining.

2. She explains to her husband, José Luis, that she will be home late tonight. She asks if he would make supper.

3. She wants the maid, Marta, to run the vacuum cleaner and to buy some milk and eggs.

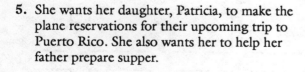

4. She reminds little María to study at school and not talk with her friends during class.

5. She wants her daughter, Patricia, to make the plane reservations for their upcoming trip to Puerto Rico. She also wants her to help her father prepare supper.

A. Nos encontramos en el "Roma" You and two of your Spanish-speaking friends are attending a film festival in Cuenca, Ecuador. You have made reservations for all of you to have dinner at the Restaurante Roma. Leave your friends a note in Spanish explaining how to get to this restaurant from your hotel. Consult the map below for directions.

He hecho reservaciones para el Restaurante Roma para las 8:30.
¿Por qué no nos encontramos allí? Para ir, …

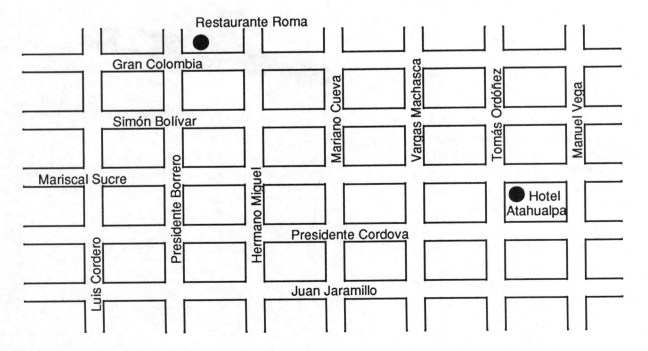

B. Por favor   During your stay at the Hotel Caribe in Cartagena you need to make several requests of the maid; express these requests politely in Spanish in the following notes to her.

1. You would like the maid to bring more towels and some soap.

2. You want to know if the air conditioning is broken; the room is very hot.

3. You would like to have more mineral water for the mini-bar in your room.

4. You would like to know if there is a problem with the shower because the water is very cold.

_____
_____
_____
_____
_____
_____
_____
_____
_____
_____
_____
_____
_____
_____
_____

C. Bienvenidos a nuestra ciudad   The chamber of commerce of your favorite city in the U.S.A. hires you to prepare a brochure in Spanish promoting their city in the hopes of attracting Hispanic tourists. First, decide which city you want to promote. Then draw your brochure in the space provided on page 117. Include at least 8 of the 12 categories of information listed below in your brochure:

Location

Historical significance

Historical sights (museums, churches & monuments, etc.)

Weather

Hotel accommodations

Restaurants

Tourist attractions/geographical attractions (mountains, beaches)

Shopping opportunities

Night life (clubs, bars & parties)

Cultural events (plays, concerts, ballets, etc.)

Hospitality

Other

(¡OJO! Since this is a brochure and you want to capture people's attention, it is appropriate to use short, catchy phrases with commands like: _¡Venga a _____!_ and _¡Diviértase en _____!_)

ESCUCHAR

La entonación   Intonation is the musical pitch of your voice as you speak. In Spanish, most sentences end with a falling intonation. Questions that begin with a question word end with a falling intonation also. To ask a question that can be answered **Sí** or **No**, you use a rising intonation at the end. Repeat the following sentences paying special attention to the intonation.

1. ¿Dónde vives?
2. Vivo en la Calle Colón, número 25.
3. ¿Tienes hermanos?
4. Sí, tengo un hermano y dos hermanas.
5. ¿Ellos son estudiantes también?
6. No. Son muy jóvenes. Yo soy el único estudiante de la familia.

Actividades

A. De España a Colombia   Mr. and Mrs. Gómez are planning a vacation to Colombia. Listen as Mr. Gómez discusses their travel plans with a travel agent, and then fill in the chart below with the appropriate information in Spanish.

Fechas del viaje:
del _____ de _____ al _____ de _____
　　　　(día)　　　　　　(mes)　　　　　　　(día)　　　　　　(mes)

Ciudades:
_____ y _____

Medios de transporte:
de España a Colombia _____
entre las dos ciudades _____

Hoteles:
_____ y _____

Precio del viaje:
_____ pesetas

B. En el banco   Listen to the transactions that take place at a bank and complete the missing information in the chart in Spanish. You will hear each conversation twice.

Customer	Transaction	Original Amount Involved
#1		
#2		
#3		

C. En la recepción del Hotel Caribe   You will hear a series of telephone conversations between the front desk clerk at the Hotel Caribe and various hotel guests and tourists. For each conversation, first specify the general nature of the call by checking the appropriate box and then jot down in English the specific request or complaint that each caller makes.

1

☐ **reservation** _____

_____

☐ **complaint** _____

_____

☐ **request for information** _____

_____

2

☐ **reservation** _____

_____

☐ **complaint** _____

_____

☐ **request for information** _____

_____

3

☐ **reservation** _____

_____

☐ **complaint** _____

_____

☐ **request for information** _____

_____

4

☐ **reservation** _____

_____

☐ **complaint** _____

_____

☐ **request for information** _____

_____

D. El jardín de niños Srta. Meléndez, a kindergarten teacher, is telling several of her students what they need to do. Decide which of the pictures below best represents the command or requests she makes of each child; write the name of that child under the corresponding picture.

E. Por favor, ¿para ir a la Plaza mayor?   A tourist has asked a policeman to help him find his way to various places around the city. Refer to the map as you listen to the policeman's directions; decide what the destination is in each case and write it in the blank. The tourist and policeman are located at the spot marked with an X on the map below.

1. _____
2. _____
3. _____
4. _____
5. _____

CAPÍTULO SIETE

¡Aquí tienen su casa!

LEER

A. Busco apartamento

1. You arrive in Panama City, Panama where you will be attending the University of Panama. Your first objective when you get there is to find adequate housing. Before you look through the rental ads in the newspaper, write down in English some of the features you consider desirable in the apartment you want. Remember that you don't have transportation or furniture.

   a. _____

   b. _____

   c. _____

   d. _____

2. As you look through the ads, the one on page 124 catches your eye. Skim it and compare the features advertised to those you listed in question number one. Put a check in front of those that are included in the ad.

3. Out of all of the details included in the ad, what points make this type of housing most appealing to you? Record your findings in English in the spaces provided.

   a. _____

   b. _____

   c. _____

4. Since you want to follow up on this ad, record in English the information that you need if you want to call or visit the unit.

   _____

5. You arrived on June 15th. Why should you act expeditiously on securing the apartment advertised?

   _____

6. There are two rental prices advertised. Why? Which do you prefer?

   _____

7. You make an appointment with the building manager to see the apartment. Write five questions in Spanish that you might want to ask him about the apartment.

   _____

   _____

   _____

   _____

   _____

B. "Los *sí* y los *no*"   In this chapter of *Entradas,* you learn about the do's and don'ts of being a house-guest in a Hispanic home. The article on page 126, taken from the magazine *Buenhogar,* treats a similar topic. Complete the items below in English as you read the article.

1. Look at the photograph and then read the title and the first paragraph. For what kinds of social events will rules of etiquette be given in this article? _____

_____

2. Continue reading the next three paragraphs. (Note that each one is indicated with a black dot.) Of the following, which is the main topic of these three paragraphs? Circle the letter below.

    a. the appropriate attire for parties, cocktails and dinners

    b. the proper way to accept and decline invitations

    c. the courteous way to deal with boors at dinners and parties

3. The next portion of the text is highlighted by titles written in capital letters, followed by corresponding bits of advice, once again indicated by a black dot. Read this section down to *"Si lleva de regalo ..."* and then tell one specific thing you should do in each of these cases:

    a. You have been invited to a dinner party. You should _____

    b. You are at a cocktail party and don't know many people. You should _____

    _____

    c. It is the day after a really great party. You should _____

    _____

4. Now read to the end of the article. In what order are the following topics discussed? Number the items from 1 to 6.

    _____ using the hostess' stereo or TV

    _____ finding out who will be at a party

    _____ gift-giving

    _____ bringing a date to a party

    _____ spending time with other guests

    _____ changing your mind about an invitation

5. At the party you overhear some guests making the following comments. According to this article, do these comments exemplify good manners or not? Write *Sí* or *No* in the blank to indicate your response; put an *X* in the blank if that topic is not dealt with in the article.

    _____ a. —Muchas gracias por tu amable invitación. Lo siento, pero Cheres y yo ya tenemos otro compromiso para este sábado.

    _____ b. —Para ti, Mirta, una botella de champaña. ¿Por qué no la abrimos ahora?

    _____ c. —Oye, creo que los Azules están jugando en el campeonato de fútbol esta noche. ¡Vamos a poner la tele! (¡clic!)

    _____ d. —Hola. Soy Ana González. Tú eres el primo de Rafa, ¿no?

    _____ e. —Mirta, creo que Tico ha tomado demasiado vino. ¿Podrías llamar un taxi por él?

    _____ f. —¿Mirta? Hola, soy Kati. Quería decirte cuánto nos divertimos anoche. Tu fiesta fue fenomenal...

    _____ g. —¿Una fiesta? ¡Qué bien! Pero, dime, ¿has invitado a Raúl? Ya sabes que no somos exactamente amigos íntimos.

LOS "SI" Y LOS "NO" DE LA ETIQUETA...

Cuando la inviten a una fiesta, a una cena o a un coctel, tenga en cuenta todos estos detalles que denotan que usted está al tanto de la etiqueta y que, además, es una persona con buenas maneras...

● Responda prontamente. Si la invitación se la hacen por teléfono y es extensiva a su esposo o a su pareja, dígale a la anfitriona que en cuanto consulte con él le confirmará su asistencia.

● Hágale saber a su anfitriona que usted va a ir con un compañero para que la invitación incluya a ambos y para que no cuente con usted como posible pareja de otro hombre que vaya solo.

● Si no va a asistir, dígalo inmediatamente. Bastará con un: "Lo siento, tengo un compromiso".

SI LA INVITAN A UNA CENA
● Lleve un pequeño regalo.
SI LA INVITACION ES
A UN COCTEL
● Vaya a saludar a la anfitriona en cuanto llegue.
● Preséntese usted misma a los otros invitados si la anfitriona está ocupada o no se encuentra cerca.
DESPUES DE LA FIESTA
● Envíe una nota de agradecimiento o llame por teléfono al día siguiente y hágale saber el rato tan agradable que pasó.

● Si realmente le agradó la fiesta, corresponda con una invitación similar. Pero si no, evítese pasar otra velada poco agradable.

● Si lleva de regalo algo de comer o una botella de vino, no espere que la anfitriona lo sirva. Y si lleva un ramo de flores, ofrézcase para ponerlas usted misma en un jarrón y así la anfitriona no tendrá que abandonar a sus otros invitados mientras lo hace.

● Comparta con los demás, no pase la noche exclusivamente con su pareja.

● No vaya a encender el televisor o el tocadiscos, eso le corresponde a la dueña de la casa, si ella lo desea.

● Nunca ponga a la anfitriona en el compromiso de decirle a qué otras personas ha invitado, además de usted.

● No asuma que puede asistir con su pareja si solamente la han invitado a usted.

● Una vez que acepte la invitación, no trate de evadirse del compromiso.

C. ¿Casa, duplex o condominio?

1. You work for a real estate company in Miami, Florida. Your boss asks you to read this article so you can give an oral presentation in Spanish to prospective clients. Before you read it, look at the title and record the topic of the article in Spanish.

_____

Now read the article and answer the questions. Here are some words to get you started.

crecer	*to grow*	obras benéficas	*charitable works*
la vivienda	*dwelling*	proveer	*to provide*
el desarrollo	*development*		

CASA, DUPLEX, CONDOMINIO... ¿CUAL ES SU MEJOR OPCION?

El crecimiento de Miami exige diferentes viviendas que se adapten a nuestras necesidades. ¿Cuál debe elegir usted?

Cuando una ciudad crece, la construcción se expande (ya sea horizontal o verticalmente) y se va adaptando a las necesidades de cada individuo o familia. Básicamente, existen tres tipos de viviendas: la casa, el twin home (o duplex) y el apartamento. De estos tres... ¿cuál es el que usted necesita? Para contestar esta pregunta, consultamos con el Sr. Stephen Muss, prestigioso hombre de negocios dedicado al desarrollo de la vivienda desde que era muy joven. Actualmente, es uno de los hombres de negocios más prominentes de la Florida. No sólo es dueño del hotel Fontainebleau Hilton, sino que además, desarrolló los cinco Seacoast Towers (un complejo de apartamentos para alquilar), con la compañía Equitable Life Insurance Company y es dueño del proyecto de Quayside, un extraordinario complejo de apartamentos situado en el noreste de Miami, que es considerado como único en su clase.

El señor Muss también se preocupa mucho por el bienestar de la comunidad. Por eso, además de hacer muchas obras benéficas y de proveer un parque (el Alexander Muss Park) para el disfrute del público en general, construye viviendas pensando en la comodidad de la familia. Teniendo esta vasta experiencia, le hicimos la pregunta sobre las ventajas que ofrecen los distintos tipos de vivienda, para ayudarlo a usted a hacer su selección:

La casa. La mayor ventaja de vivir en una casa (single home), es que la familia cuenta con su propio terreno. Es decir, que tiene su patio, su piscina y una gran privacidad en general. Por otro lado, la casa aumenta su valor mucho más rápidamente que un apartamento o un twin home.

El duplex o twin home. Es más económico que una casa (en iguales circunstancias; es decir, en calidad y ubicación), pero ofrece las mismas ventajas de la casa. En otras palabras, la familia puede disfrutar de su propio jardín y de la privacidad que le brinda un terreno independiente, aunque está más cerca de su vecino.

El condominio o apartamento. Los apartamentos rentados son más económicos que los comprados, pero ambos cuentan con muchas ventajas. Además de que la familia ya no tiene que preocuparse de arreglar el jardín, pintar el exterior de la casa y limpiar la piscina, el apartamento le ofrece otras facilidades: gimnasio, canchas de tenis o de racketball, golf, servicios de seguridad, áreas para bicicletas, servicio de lavandería, tiendas y restaurantes. En fin, que es como tener una pequeña comunidad a pocos pasos de distancia.

2. Identify Mr. Stephen Muss in Spanish.

_____

3. Since you have to give an oral presentation you decide to take some notes on the information presented. List in Spanish the three types of housing mentioned, two advantages for each and a profile of the buyer you think might be interested in purchasing it.

	viviendas	ventajas	comprador
a.	_____	_____	_____
		_____	
b.	_____	_____	_____
		_____	
c.	_____	_____	_____
		_____	

4. Suppose that as a follow-up to your presentation different Hispanic clients ask the following questions. Use the information in the reading to answer them in Spanish.

a. ¿Qué tienen en común un duplex y una casa?

_____

b. ¿Qué diferencias existen entre un condominio y una casa?

_____

c. ¿Qué preocupaciones tienen las personas que viven en casas?

_____

d. ¿Qué facilidades de deportes hay en los condominios?

_____

5. ¿Qué tipo de vivienda le recomendaría a estos clientes?

_____ a. Un matrimonio que no tiene mucho dinero y quiere privacidad.

_____ b. Unos señores jubilados que no quieren preocuparse por pintar la casa o cortar el césped.

_____ c. Una familia grande que necesita muchos cuartos y desea invertir _(invest)_ bien su dinero.

_____ d. Una médica a quien le encantan los deportes.

_____ e. Un artista que adora los jardines y las flores pero no quiere mucho terreno.

ESCRIBIR

Primera etapa

A. En la casa de los Vásquez Vas a estudiar español en Cuernavaca, México donde vas a vivir con una familia mexicana. Completa el diálogo que toma lugar al llegar a la casa de la familia Vásquez.

Sr. V.: ¡Bienvenido/-a! Soy Marcelo Vásquez. Y ésta es mi esposa Adriana.

Tú: _____

Sra. V.: Encantada. ¡Aquí tienes tu casa! ¿Qué tal de viaje?

Tú: _____

Sr. V.: ¿Es tu primer viaje a México?

Tú: _____

Sra. V.: ¿Estás cansado/-a?

Tú: _____. ¿_____?

Sra. V.: Puedes llevar el equipaje a tu alcoba. Está en el segundo piso.

Tú: _____. ¿_____?

Sr. V.: El baño está a la derecha de tu alcoba.

Tú: _____

Sra. V.: No, es mejor que dejes (leave) tus cosas en tu alcoba.

Tú: _____

Sra. V.: Bueno, nosotros nos bañamos por la mañana porque es cuando tenemos agua caliente. ¿Tienes hambre?

Tú: _____

Sr. V.: Si quieres, baja a tomar café con nosotros.

Tú: ¿_____?

Sra. V.: Nosotros acostumbramos cenar tarde—a eso de las diez.

Tú: ¿_____?

Sra. V.: No, no es necesario vestirse elegantemente. Aquí todos somos familia. Todo es muy informal.

Tú: _____

B. El viaje de Maricarmen Este es el diario de Maricarmen, una joven que está de vacaciones en España. Completa las frases con un verbo apropiado de la lista; escribe el verbo en el pretérito. El diario está dividido en dos partes.

Primera parte:

aceptar	llegar	pasar
acostarse	llevar	presentar
levantarse	ofrecer	tomar

Diario

_____ _____ (Yo) _____ en Madrid ayer a las diez y media de la noche, después de 10

_____ horas de viaje. Estaba muy cansada, así que _____ un taxi a mi pensión, y

_____ _____ inmediatamente.

_____ Esta mañana (yo) _____ temprano para no perder un minuto.

_____ Durante el desayuno, la dueña de la pensión me _____ a sus dos hijas,

_____ Clara y Pilar. Las dos son chicas muy simpáticas. (Ellas) _____ enseñarme

_____ un poco de la ciudad y yo, claro, _____

_____ Primero, (ellas) me _____ al Prado, el famoso museo de arte.

_____ (Nosotras) _____ toda la mañana allí, viendo los cuadros de Goya,

_____ Velázquez y otros artistas.

Segunda parte:

charlar	entrar	regresar
decidir	invitar	volver
encontrarse *(to meet)*	llamar	sentarse

_____ _____ Luego (nosotras) _____ en un restaurante cercano para comer algo. _____

_____ Después de comer, Clara _____ a la pensión para ayudar a su madre, pero

_____ Pilar y yo _____ caminar en el Retiro, el enorme parque cerca del Museo del

_____ Prado. Allí, (nosotras) _____ por casualidad con unos amigos de Pilar.

_____ (Nosotros) _____ todos en un café al aire libre y _____

_____ un rato. Cuando Pilar y yo _____ a la pensión, eran ya las siete de la tarde.

_____ Pero ¡esto no es todo! A las siete y media Tomás, uno de los amigos de Pilar, me

_____ _____ por teléfono y me _____ al cine.

_____ Creo que este viaje va ser estupendo....

C. Saludos de México   Estás de viaje en México y decides escribirle una postal a tu profesor/-a de español. Le dices todos los detalles *(details)* de tus primeros días en México. Refiérete a los dibujos abajo. (¡**OJO!** Hay que usar el pretérito.)

aeropuerto

sábado

Estimado/-a _____,
¡Saludos de México!

_____

_____

_____

_____

Mañana espero ver las pirámides.
Hasta pronto,

_____

Segunda etapa

A. El huracán   Your summer home in Santo
Domingo is destroyed by a hurricane. The claims adjus-
tor asks you to draw a diagram of the house labeling all
of the rooms and to make a list in Spanish of furniture
and other contents in the spaces provided.

DIAGRAMA

CONTENIDO

B. Querida mamá   Lupe y su esposo quieren comprar una nueva casa; han visto dos casas que tienen posibilidades. En esta carta a su mamá, Lupe le describe las dos casas y le pide sus consejos. Completa la carta,
siguiendo las indicaciones al lado.

1. The house in San José is
   bigger—it has 4 bed-
   rooms and 2 baths and at
   least 6 big closets. In
   addition, it is elegant—it
   has a lovely balcony and 2
   fireplaces.

2. The house in Santa Clara
   is closer to work and also
   costs less. It is smaller but
   has a modern kitchen with
   a new refrigerator, stove
   and oven.

*Bueno, mamá, hemos visto dos casas que nos encantan—una está en
el barrio de San José, la otra en Santa Clara. Por una parte, me gusta
más la casa de San José porque _____*
_____
_____
_____

Por otra parte, nos interesa mucho la casa de Santa Clara porque
_____
_____
_____

¿Qué piensas tú? ¿Cuál debemos comprar?

Ahora completa la respuesta de la madre a su hija:

1. The schools in Santa Clara have a good reputation *(reputación)*. It's more important for the kids to go to good schools than it is to have a big house.
2. Santa Clara has more advantages—a big park with a swimming pool, a new supermarket, good bus service.
3. The house in Santa Clara is closer to Lupe's mother, so she can visit more!

Lupe, a mí me parece muy claro que tú y Eduardo deben comprar la casa en Santa Clara. En primer lugar, _____
_____
_____
_____

En segundo lugar, _____
_____
_____
_____ Además, _____
_____

Así que espero que sigas mis consejos y compres esa casa en seguida.

C. Comunicándonos por escrito   Cuando llegas a tu apartamento, encuentras la nota siguiente de tu compañero/-a. Debes contestarle sus preguntas en español con el pretérito y con complementos directos e indirectos como en el modelo.

Modelo: Tu hermano quiere el libro que perdiste. ¿Se lo buscaste?
(Ud. escribe:) *No, no se lo busqué.*

Tu hermano quiere el libro que perdiste. ¿Se lo buscaste?

No, no se lo busqué.

1

El dueño del apartamento nos mandó una carta. ¿Por qué no le diste el dinero?

2

No puedo encontrar mi abrigo. ¿Te lo llevaste hoy?

3

Tus padres llamaron. Quieren saber si les mandaste una carta. ¿Se la mandaste?

4

El viernes es el cumpleaños de Alina. Vamos a tener una fiesta. ¿Le compraste un regalo?

5

Te pusiste mi chaqueta roja. ¿Me la lavaste?

6

¿Le pagaste el dinero a la compañía de teléfono?

7

¿Me dejaste leche para el café?

8

¿Dónde está mi disco de "jazz"? ¿Se lo robaron los vecinos?

9

No encuentro mi libro de historia. ¿Se lo prestaste a tu hermana otra vez?

10

Hoy te toca cocinar. ¿Me preparaste la cena?

Tercera etapa

A. Antes de describir mi viaje   While on your return flight from a business trip in San José, Costa Rica, you skim through your agenda so you can record the events of your trip in a report. Incorporate the following information into complete sentences in Spanish, and write a draft of your report on the next page.

		AGENDA
	lunes	*vuelo #83 de Pan Am a las 9:45 a.m.*
		Gran Hotel, Costa Rica
	martes	*cita* (meeting) - *10 a.m. con Sr. Alfonso*
		leer contratos
	miércoles	*golf - 8 a.m. con Sr. Alfonso*
		traducir contratos
	jueves	*desayuno 8:30, oficina central*
		concierto a las 9 p.m.
	viernes	*alquilar auto, subir montaña*
		almorzar en Restaurante Linda Vista
	sábado	*regresar en Pan Am vuelo #320 a las 4:15*

> *El lunes salí en el vuelo #83 de Pan Am a las 9:45 a.m. y fui al Gran Hotel*
> *en Costa Rica.*
> _____
> _____
> _____
> _____
> _____
> _____
> _____
> _____
> _____
> _____
> _____
> _____
> _____
> _____
> _____
> _____

B. Testigo   Un día que estás en tu casa, miras por la ventana y presencias *(you witness)* un crimen en el apartamento al lado. Luego, tienes que escribir un informe *(a report)* para la policía. Refiérete a los dibujos y escribe el informe. (¡**OJO!** Hay que usar el pretérito.)

_____

_____

_____

_____

_____

_____

_____

_____

_____

_____

_____

_____

_____

_____

_____

_____

_____

_____

_____

_____

_____

_____

C. En el mercado   Vas de compras en un mercado en México. Completa el diálogo en español.

Vendedor: ¿Qué desea?

Tú: _____ (You want a pair of tennis shoes.)

Vendedor: ¿De qué color los prefiere?

Tú: _____

Vendedor: ¿Qué número calza?

Tú: _____

Vendedor: Lo siento, pero no tenemos ese color en su número. ¿Desea otro color?

Tú: _____. ¿_____?

Vendedor: Para Ud. tenemos un precio especial. Cincuenta mil pesos.

Tú: _____

Vendedor: No, no son caros. Es que son de Inglaterra.

Tú: _____

Vendedor: Sí, aceptamos tarjetas de crédito.

Tú: _____

Vendedor: De nada.

ESCUCHAR

A. Los buenos modales   You will hear three brief conversations. Match each one to the picture to which it best corresponds. Write the number of the conversation in the blank under the picture. One of the pictures will not be used.

_____

_____

_____

_____

B. Comprando casa   Listen to the dialogue between a real estate agent and a buyer who is looking for a big house for her family. You will hear the conversation twice. As you listen the first time, look at the diagram of the house below and mark with an X the positive points that the **real estate agent** mentions.

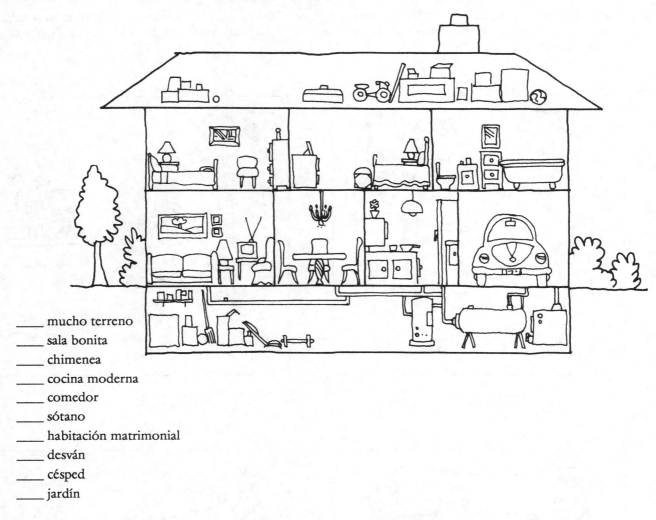

____ mucho terreno

____ sala bonita

____ chimenea

____ cocina moderna

____ comedor

____ sótano

____ habitación matrimonial

____ desván

____ césped

____ jardín

Now listen again and check the negative points that the **buyer** mentions after seeing the house.

____ solamente un baño

____ sin ducha

____ solamente dos habitaciones

____ garaje pequeño

____ casa de madera

____ escuelas lejos

C. ¿Esperanza?   Listen to the questions that Don Isidro asks Doña Esperanza before they leave for their trip. Listen to each question and circle the correct response. You will hear each question twice.

1. Sí, (se los / se las) di.
2. Sí, (nos los / se los) empaqueté.

3. Sí, (se lo / se la) mandé.
4. No, no (te la / me la) tomé.
5. Sí, (me las / te las) puse en las maletas.
6. No, no (se la /se los) hice.
7. Sí, (se los / nos los) compramos.
8. Sí, (se la / nos la) pedí.
9. Sí, y (se las / se la) compré.

D. ¿Qué tal las vacaciones?   Three friends are talking about what they did during their vacations. Listen to the discussion and draw a line from the name of the person to the picture which represents the activity in which that person participated. You will hear the conversation twice.

Andrés   Lorena   Rubén

E. De compras   Elisa Gutiérrez is out shopping today. Listen to the conversation between her and the department store clerk. Then circle the best choice in the multiple choice exercises below. You will find it helpful to read over the multiple choice items before you begin listening to the dialogue.

1. ¿Qué busca la Sra. Gutiérrez?
   a. un vestido para llevar a la boda de su hija
   b. un regalo para el cumpleaños de su hija
   c. unas faldas y suéteres para su viaje el próximo sábado

2. ¿Cuál es el problema con el vestido?
   a. No lo tienen en su talla.
   b. Es muy caro.
   c. No lo tienen en el color que prefiere.

3. ¿Qué color prefiere la Sra. Gutiérrez para el suéter?
   a. verde
   b. rosado
   c. azul

4. ¿Qué decide comprar por fin?
   a. el vestido de seda
   b. un suéter y una falda
   c. sólo un suéter

5. ¿Cómo paga la Sra. Gutiérrez?
   a. en efectivo
   b. con cheque
   c. con tarjeta de crédito

...y luego, ¿qué?

LEER

A. Felicitaciones   Lee el anuncio y contesta las preguntas en español.

1. En el anuncio el adjetivo **culta** (un cognado falso) se refiere a la educación de Gelsys. ¿Cómo es ella?

   _____

   _____

2. ¿Quién es Mary de Legón?

   _____

   _____

3. ¿A qué círculo social pertenecen los Legón? ¿Cómo lo sabes?

   _____

   _____

4. ¿Qué hizo Manny Castaño?

   _____

   _____

B. Claudia Lorena cumple quince años   Lee el anuncio en la página 142 de la fiesta de quince años y contesta las preguntas en español.

1. ¿Cuándo es el cumpleaños de Claudia Lorena?

   _____

2. ¿Dónde nació ella?

   _____

3. ¿Cómo es Claudia Lorena?

   _____

QUINCEAÑERA. Una alegre fiesta conmemoró los dorados quince años de la culta señorita Gelsys Legón, hija del señor José Legón y señora, Mary de Legón, estimados miembros de nuestros círculos, siendo su dichoso compañero de baile el joven Manny Castaño. Para ellos, las más caras felicitaciones.

4. ¿Cuál es la profesión de su madre?

_____

5. ¿Dónde vive su padre?

_____

6. ¿De quiénes son padres Eloy Benedetti y Olga Veláquez de Benedetti?

_____

C. Una familia de músicos   En esta selección, tomada de un artículo en la revista _Tú Internacional_, vas a aprender un poco sobre la historia del conjunto musical, "The Jets". Lee el artículo en las páginas 143-144 y después haz estos dos ejercicios.

1. Pon en orden estas frases que describen la historia de la familia. Escribe los números de 1 a 9.

_____   La familia creció rápidamente hasta tener 14 hijos.

_____   "The Jets" grabaron su primer disco.

_____   Emigraron del Reino Polinesio a los Estados Unidos.

_____   Mike y Vake se casaron (_got married_) en la isla de Tonga.

_____   Los ocho hijos mayores empezaron a tocar música para fiestas familiares.

_____   Mike y Vake, juntos con los hijos, decidieron tratar de establecer una carrera profesional en la música "pop" y compraron un miniautobús.

_____   Después de varias dificultades, trabajaron en los "Holiday Inns".

_____   Un _manager_ "descubrió" el gran talento de "The Jets".

_____   Consiguieron un contrato para cantar y tocar en "Hawaiian International Inn".

Srta. **CLAUDIA LORENA TORUÑO BENEDETTI**

Quince Años

Hace quince años, un 22 de julio, nacía en Barcelona, España una preciosa criatura: CLAUDIA LORENA TORUÑO BENEDETTI; una niña singular que fue creciendo hasta convertirse en una jovencita cariñosa, muy dulce y sobretodo, buena. Una niña que hoy, transformada ya en la promesa de una hermosa y espiritual mujer, llena de orgullo bien fundado a su familia: a su madre, la doctora Giovanna Benedetti, a su padre, don Luis Enrique Toruño, quien reside en Guatemala; y muy especialmente a sus queridos abuelos maternos de quienes ella es la nieta primogénita: el doctor Eloy Benedetti y doña Olga Velásquez de Benedetti. ¡Que el encanto y la inocencia de estas quinces primaveras, acompañen — con la Gracia de Dios— la feliz existencia de Claudia Lorena!

2. Ahora, imagina que tú eres un miembro de "The Jets". Has concedido una entrevista a una revista de música pop. Contesta las siguientes preguntas que el periodista te hace. Basa tus respuestas en el artículo que acabas de leer. (Answer in Spanish from the point of view of "The Jets.")

—¿De dónde son Uds. originariamente?

— _____

—Cuéntame un poco de tu familia.

— _____

La música que hacen estos ocho hermanos es romántica, dinámica, rítmica, fresca… **¡burbujeante!** De su primer L.P. *(The Jets)*, ya han vendido medio millón de copias en todo el mundo y se han anotado varios hits… *Crush On You, Private Number* y ahora, la balada *You Got It All*. Su primera gira ha sido un éxito rotundo, y cada día su lista de fans es mayor. Los expertos en música los consideran la "Dinastía familiar más importante del pop", después de Los Jackson. ¡Uf! ¡Y pensar que éste es sólo el comienzo!!!

¿De dónde salió la familia Wolfgramm? De Tonga, una pequeña isla del Reino Polinesio —bajo la protección inglesa— situada a 2000 millas al sudeste de Hawai. Mike y Vake Wolfgramm, los padres de estos chicos virtuosos de la música, emigraron de esa isla del Pacífico a los Estados Unidos, en 1965, donde decidieron emprender una nueva vida, establecer una gran familia y luchar por un futuro mejor.

Mike (42 años), el padre de los catorce chicos (dos de los cuales son adoptados), era carpintero en la diminuta isla de Tonga. Allí se casó con Vake (39 años), y un día ambos decidieron irse a

Salt Lake City, Estados Unidos. Mike trabajó en un supermercado para mantener a la familia, que empezaba a crecer a una velocidad supersónica. Algunos años después, los chicos mayores fundaron una banda de música *pop* que tocaba en fiestas familiares.

En el año 1978, Mike abandonó su trabajo y se dedicó a hacer música con su familia. Compró un mini-autobús para poder llevar a todo el "clan" de un lugar a otro, y Vake (la mamá de "Los Jets")… ¡se convirtió en la vocalista!

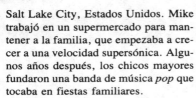

Fotografías: MCA Records

"Cantábamos y tocábamos en restaurantes hawaia-
nos de los Estados Unidos y Canadá", dice Mike.
"Recuerdo que nos manteníamos a base de sandwi-
ches de jamón, agua, y muchos deseos de triunfar.
Fue una gran escuela en la que mis hijos aprendie-
ron a sobrevivir, a trabajar...".

Un día la familia consiguió un fabuloso contrato
con la cadena de hoteles *Hawaiian International Inn*
en Minneapolis (Estados Unidos)... pero la felicidad
duró poco, porque el hotel se fue a la quiebra. Eso
sí, los dueños los mantuvieron por quince meses,
hasta que les buscaron trabajo en el *Holiday Inn*.
"Cuando los chicos se deprimían", vuelve a decir el
padre de los talentosos Jets, "yo les decía: Ya apare-
cerá alguien que los haga famosos". ¡Y así fue!!!

P

POWELL, EL EX-MANAGER DE DAVID BOWIE Y STEVIE WONDER, QUEDO CAUTIVADO CON LOS CHICOS

Powell, un ex-manager de la compañía discográfica *Motown* que había trabajado con los Jackson, David Bowie y Stevie Wonder, fue
quien los descubrió, y precisamente
en un momento en que él se había
retirado de este tipo de trabajo.
Powell tenía un negocio propio de
venta de automóviles y no estaba
interesado en regresar al "ambiente
musical", pero cuando vio al grupo
Quasar (formado por los 8 chicos
que componen a los actuales *The
Jets*), decidió que había que regresar al antiguo oficio.

"Cuando los vi, me dí cuenta que
tenían tanto talento y empuje como
los Jackson, aunque ese talento estaba sin pulir", dice Powell. Lo primero que hizo Powell fue cambiarle
el nombre al grupo... De *Quasar* a
The Jets. Y lo segundo fue hacer
una inversión de 850 mil dólares
para que grabaran un disco de prueba y comprarles un autobús de lujo
para trasladarlos. "Este negocio es
un gran riesgo", dice Powell. "Pero
si todo sale bien, el dinero empieza
a llegar en cestas llenas", afirma.

Salió el álbum-debut, *The Jets,* con su exitazo musical *Crush On
You,* una canción dinámica, contagiosa, rítmica... que puso en
"movimiento" a todo el mundo. El video del mismo nombre que se
pasó por los canales de videos norteamericanos *MTV* y *VH-1,* los
dio a conocer... Eddie, Eugene, Rudy, Cathy, Haini, Elizabeth,
Moana y Leroy se hicieron populares. Y luego con la canción y el
video *Private Number* se volvieron super-famosos. Por supuesto,
hubo lenguas malintencionadas que aseguraron que la banda
sólo servía para tocar y cantar canciones rítmicas con la caden-
cia de las islas del Pacífico, pero se equivocaron. *You Got It All,*
una balada super-romántica interpretada con mucho sentimiento, tiene a *The Jets* desde hace algún tiempo, en los primeros
lugares del hit-parade norteamericano. ¡Eso sí es tener talento!

—¿Cómo empezaron Uds. a tocar juntos?

— _____

—Y, ¿cuándo empezaron su carrera profesional?

— _____

—Cuéntame algo de los primeros años en la profesión. ¿Fueron difíciles?

— _____

—¿Cuáles son algunos de sus grandes éxitos, de sus "hits"?

— _____

—¿Quieren Uds. hacer un video para MTV?

— _____

—¿Cómo caracterizas la música de "The Jets"?

— _____

D. Comparando autos   Regresa a la tercera etapa en el capítulo ocho de *Entradas* y repasa el vocabulario relacionado con los autos antes de completar este ejercicio. Lee el anuncio en la página 146 y contesta las preguntas en español.

1. ¿Cuál es la marca *(brand, make)* de los autos que se anuncian?

_____

2. ¿De qué año son?

_____

3. ¿Cuáles autos tienen transmisión automática?

_____

4. ¿Cuál tiene frenos de disco?

_____

5. ¿Cuáles tienen ventanillas eléctricas?

_____

6. ¿Cuáles tienen llantas radiales?

_____

7. ¿Cuáles no tienen aire acondicionado?

_____

8. ¿Cuáles tienen interior de lujo?

_____

9. ¿Cuál usa gasolina de diesel?

_____

10. ¿Cuáles tienen radio AM-FM estéreo cassette?

_____

ESCRIBIR

Primera etapa

A. Las coartadas   Cuando la pelota *(ball)* rompió la ventana, todos los niños en este dibujo estaban ocupados, así que tenían todos una coartada *(alibi)*. Escribe frases como la del modelo; explica qué hacía cada uno de los niños cuando el accidente ocurrió. **¡OJO!** Hay que usar el imperfecto.

Pilar: *Pilar leía un libro.* _____

Luis y Gonzalo: _____

Javier y Alicia: _____

Carolina: _____

Tomás, Andrés y Marcela: _____

Alejandro: _____

Mariángeles y Delia: _____

B. La carta a un sobrino   Has recibido una carta de tu sobrino adolescente en la cual él se queja *(complains)* de la falta de comprensión de su padre. Decides escribirle una carta para contarle como era su padre cuando Uds. eran niños. Usa el imperfecto de los verbos indicados para expresar las oraciones en español.

Querido Pablo,

¿Qué tal? Espero que te encuentres bien en unión de tu familia. Acabo de recibir tu carta y estoy un poco preocupado/-a. Me parece que la comunicación con tu padre se está deteriorando. Decidí escribirte esta carta y contarte algo de tu padre para que lo puedas comprender mejor. Quiero que sepas que tu padre no era perfecto.

1. _____ .
2. _____ .
3. _____ .
4. _____ .
5. _____ .
6. _____ .

Espero que de ahora en adelante se puedan llevar mejor.

¡Hasta pronto!

Abrazos de _____

Missing elements:

1. When he was fifteen years old, he wanted to be a basketball player.
   (tener/querer/ser jugador de baloncesto)

2. His friends would come to our house every afternoon.
   (venir/todas las tardes)

3. They used to play basketball until dinner time.
   (jugar/hasta la hora de cenar)

4. He wouldn't help with the household chores.
   (No ayudar/quehaceres de casa)

5. He would not do his homework.
   (No hacer/tarea)

6. As punishment our father would take away his basketball.
   (De castigo/quitarle/la pelota de baloncesto)

C. Cuando yo era estudiante   Haz unas pequeñas entrevistas con algunos de tus profesores o parientes. Pregúntales cómo era la vida universitaria cuando ellos eran estudiantes en la universidad. Luego, escribe en la página siguiente una composición. Compara cómo era la vida universitaria (según las experiencias de tus profesores o parientes) y cómo es ahora (según tus propias experiencias).

Aquí tienes algunos temas de que puedes tratar:

I   LAS RESIDENCIAS Y LAS CAFETERIAS UNIVERSITARIAS

¿Cómo eran las residencias estudiantiles? ¿Eran mixtas o sólo para estudiantes de un sexo? ¿Había pequeños apartamentos con cocina? ¿Tenían baños particulares? ¿Qué reglas *(rules)* había en las residencias? ¿Vivía la mayoría de los estudiantes en residencias o en sus propios apartamentos? ¿Qué servían en las cafeterías?

II   LAS CLASES

¿Cuántas clases tomaban los estudiantes cada semestre? ¿Cuáles eran las especializaciones más populares? ¿Había muchos requisitos *(requirements)* ? ¿Los estudiantes tenían que estudiar idiomas? ¿Cuántas horas estudiaba el estudiante "típico" cada día? ¿Se usaban las computadoras mucho?

III   LA VIDA SOCIAL

¿Cuáles eran las actividades sociales más populares de los estudiantes? ¿Tenían mucha importancia los deportes? ¿Eran populares las fraternidades y los clubes sociales? ¿Había problemas serios con el alcohol y otras drogas? ¿Adónde iban los estudiantes durante las vacaciones de primavera?

A. "E.T." Mientras estabas explorando las ruinas de Machu Picchu en el Perú, de repente viste un extra-terrestre. El extra-terrestre desapareció y no tuviste tiempo de sacarle una foto. Ahora tienes que escribir una descripción para la policía, que está investigando el caso. Escribe aquí tu descripción del extra-terrestre. (¿Cómo era—grande o pequeño? ¿Tenía una cabeza? ¿Cuántos brazos tenía? etc.)

_____
_____
_____
_____
_____
_____
_____
_____
_____
_____
_____

B. Al solicitar empleo Solicitas empleo como director/-a de actividades en un campamento de niños en Club Med de Punta Cana, República Dominicana. El director de personal te da una serie de situaciones escritas para evaluar tu habilidad de resolver problemas y complicaciones de niños. Escribe tus respuestas y trata de usar las frases siguientes:

Creer/No creer   Dudar/No dudar
Estar seguro/No estar seguro   Es cierto/No es cierto
Es posible/Es imposible

¿Cómo se pueden resolver estos problemas en tu opinión?

1. Hay un niño en tu grupo que no quiere participar en las actividades. Es muy cruel. Se pasa todo el día peleando con los otros niños. Ellos no quieren jugar con él.

_____
_____
_____

2. Los padres de una niña de 10 años que está en tu grupo no la quieren dejar ir en una excusión a otra ciudad. Piensan que eres muy joven e irresponsable y no vas a cuidar muy bien a los niños.

_____
_____
_____

3. Un niño muy travieso se cae y se rompe el brazo. Les dice a sus padres que él se hizo daño cuando tú le pegaste.

_____
_____
_____

4. Supervisas una fiesta para los niños. Cuando unos padres llegan a recoger a su hija de 11 años, la encuentran fumando un cigarrillo y bebiendo cerveza. Ella les dice que tú se los diste.

_____
_____
_____

C. Pensando en ti   Hoy Delia está escribiendo unas notas a su familia y a sus amigos. Lee cada una de las notas, y luego complétalas con expresiones y frases apropiadas a la situación.

1

Muchas Gracias
Muchas Gracias
Muchas Gracias
Muchas Gracias
Muchas Gracias

Querida tía Eulalia,
Acabamos de recibir el suéter que mandaste para el santo de
Luisito. ¡_____! Es de un color tan
lindo; estoy segura de que_____
_____
_____
_____

Muchísimas gracias.

Un fuerte abrazo de

Delia y Umberto

Vengo aquí a expresar

Mis mejores deseos

Para que estas líneas

Te encuentren gozando

De completo bienestar.

Querido amigo Raúl,

He hablado con Conchita hoy y me dijo que te fracturaste la pierna cuando estabas de vacaciones en Colorado.

¡_____!

Espero que_____

_____

_____

_____

_____

_____

Con cariño,

Delia

Pensando en ti con mucho cariño...

Querida prima,

Mamá me dice que necesitan operarte del estómago por tus úlceras.

¡_____!

Pero, no te preocupes; no dudo que _____

_____

_____

_____

_____

_____

_____

Besos y abrazos de

Delia

152   *Capítulo ocho*

4

Adiós, ¡Buen viaje!

_____
_____
_____
_____

Queridos Jaime y Carlota,

Así que Uds. van a pasar las vacaciones en Acapulco este año. ¡_____
_____ ! ¡Ojalá que
_____
_____
_____
_____
_____
_____

Buen viaje.

Con cariño,

Delia y Umberto

Tercera etapa

A. La quinceañera   Eres periodista de actividades sociales para *El diario de las Américas,* un periódico que se publica en Miami, Florida. Lee las notas que tomaste en una fiesta de quinceañera y escribe una descripción en español. Si es necesario, usa los anuncios en las páginas 141 y 142 como modelos.

Name: Carlota Santos Piedra

Date: May 30th at 8 p.m. *(celebrar)*

School: 9th grade at Glades Jr. High

Parents: Gerardo Santos Montero and
Lucila Piedra de Santos

Location: El Hipódromo de Hialeah
Park *(ser)*

Dance Partner: Adalberto Pacheco Bravo
(compañero de baile/ser)

Description
of Dress: long, white lace *(de encaje)*
dress with pink roses *(llevar)*

Refreshments: dinner followed by champagne and cake *(servir)*

Entertainment: Latin and rock 'n' roll
music *(bailar)*

Other: Carlota was beautiful. *(estar)*

Everyone had a good time. *(divertirse)*

B. Unas vacaciones inolvidables   You have just come back from a disastrous vacation. In the following letter you describe to your friend all the terrible things that happened on the trip. Refer to the illustrations as you complete the letter.

Querido Rafa,

    Acabamos de volver de nuestras vacaciones en el campo. Este año han sido involvidables de verdad.

    Salimos el día 15 tempranito por la mañana. Pusimos todo en el coche y nos marchamos a las siete de la mañana. Pero, una hora más tarde, mientras _____

_____

_____

_____ .

    Bueno, por fin llegamos a nuestro hotel. Desde fuera, todo parecía normal. Pero entramos en nuestro cuarto y ¡qué sorpresa!

_____

_____

_____

_____ .

    Claro, nos dieron otro cuarto cuando explicamos la situación. Entonces, como era temprano para comer, decidimos dar un paseo en el campo. Desgraciadamente, resultó ser una idea malísima.

_____

_____

_____

_____ .

    Para colmo, cuando salimos de la clínica, notamos algo raro. Evidentemente, _____

_____

_____

_____ .

    Bueno Rafa, ya no quiero pensar más en todo aquello. Escríbeme pronto y cuéntame un poco de tus vacaciones.

Un abrazo,

_____

C. Estudiar en el extranjero   Solicitas entrada en la Universidad de Salamanca, España. Antes de ingresar tienes que escribir un ensayo que incluye datos biográficos, tu preparación educativa y lo que esperas de esta experiencia.

ESCUCHAR

A. ¡Cómo ha cambiado!   Gloria and Agnés are attending the twenty-fifth reunion of their high school graduation. Listen as they discuss some of their fellow classmates and describe what they used to be like back in their high school days. Draw a line connecting each person they discuss with the picture that best represents what the person used to be like in high school. Three people will be described.

B. ¡Qué fiesta!   You are at a family celebration where you react to comments made by relatives with the phrases provided. Write the letter that corresponds to the appropriate phrase. You will hear each comment twice, and you may use each response more than once.

_____ 1.   a. ¡Qué lata!

_____ 2.   b. ¡Qué desgracia!

_____ 3.   c. ¡Qué sorpresa!

_____ 4.   d. ¡Qué bello!

_____ 5.   e. ¡Qué suerte!

           f. ¡Qué susto!

C. En la clínica "Medicentro"   Before you listen to the tape, complete the following exercise.

In Spanish the suffix –*ogo* or –*oga*, the equivalent of the English suffix "-gist," refers to a specialist (*neurólogo* = neurologist). The Spanish suffix –*ía*, like the English suffix "-y," refers to a specialty (*neurología* = neurology).

especialista	inglés	especialidad	inglés
dermatólogo	dermatologist	dermatología	dermatology
		ginecología	_____
patólogo	_____	_____	_____
_____	_____	oftalmología	_____

Now, suppose you are one of several employees working at an answering service for a group of physicians in the clinic "MEDICENTRO" located in Lima, Perú. Listen to each caller describe the symptoms and write the sequential number of the caller (first = 1, second = 2) next to the doctor whose specialty is most appropriate for the symptoms described.

MEDICENTRO

llamada # (call #)	doctor	especialidad	oficina
_____	Dr. José Martínez Atencio	cirugía general	101
_____	Dra. Elena Chois Málaga	cardiología	102
_____	Dr. Arturo Serna Ramírez	siquiatría	103
_____	Dra. Isabel Aita Arroyo	radiología	104
_____	Dr. Roberto Shimabuko Azato	oftalmología	105
_____	Dr. Andrés Morales Soria	ginecología/ obstetricia	106

D. Se venden coches   A potential customer has responded to the ad Mr. Meléndez placed in the newspaper to sell his car. Listen as Mr. Meléndez describes the car over the phone to the caller; number the parts on the car pictured on page 158 from 1 to 6 in the same order you hear them mentioned.

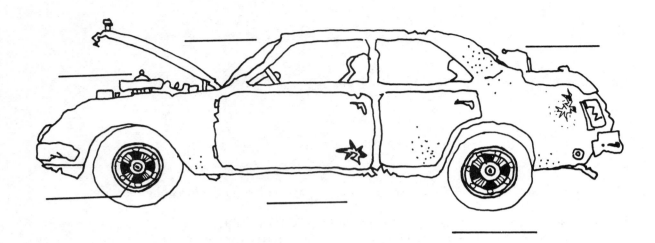

E. El accidente de Mario While in training to become a police officer in California, you accompany your partner to the scene of a car accident. Having evaluated the seriousness of the situation, your partner interviews the driver of one of the vehicles involved. Since the driver is Hispanic, your partner will interview him in Spanish. You are to complete the accident report in ENGLISH using the information provided. You will hear the interview twice.

ACCIDENT REPORT

NAME: _Mario López_   TELEPHONE: _587-5864_

ADDRESS: _Loma Vista #132_   PROFESSION/OCCUPATION: _mechanic_

NATIONALITY: _Mexican_   LEGAL RESIDENT : _yes_   VISA # _1185306_

MAKE OF VEHICLE: _____   MODEL: _____   YEAR: _____   COLOR: _____

LICENSE #: _19302748_

OWNER: _____   REGISTRATION #: _____

DRIVER: _____   INSURANCE: _____

TIME OF ACCIDENT: _____   SPEED: _____   WEATHER CONDITIONS: _____

LOCATION: _____   REASON FOR ACCIDENT: _____

(Complete diagram)

PERSONAL INJURIES RECEIVED: _____

PASSENGERS INVOLVED: _____

EVIDENT DAMAGE TO VEHICLE: _____

RELATIVE/OTHER TO NOTIFY: _____

DATE COMPLETED: _____   COMPLETED BY: _____

CAPÍTULO NUEVE

"Dios mío, ¿qué te pasa?"

LEER

A. Medicina y ciencia En las páginas 160-161 tienes una serie de mini-artículos de la revista española *Tiempo*. Estos artículos se encontraban en la sección de "Medicina y ciencia" de la revista.

Hay ocho artículos pero sólo necesitas leer dos de ellos. Escoge los dos que más te interesen; luego, completa los bosquejos *(outlines)* en español. Tienes que escribir la idea central y también **tres datos** *(specific facts)* de cada artículo.

1. Título: _____

   Idea central: _____

   Tres datos: _____

   _____

   _____

   _____

   _____

   _____

2. Título: _____

   Idea central: _____

   Tres datos: _____

   _____

   _____

   _____

   _____

   _____

WALTER CARLOS

Lectura rápida

Desde hace años se han puesto en marcha diversos sistemas de lectura rápida. Dicen que **John Kennedy** era un experto. El método consistía en acostumbrar la visión al renglón entero, sin tener que deletrear con la vista. Haga usted la prueba. Cuando va por la calle no necesita leer «far-ma-cia». Un golpe de vista es suficiente. Pues bien, se trata de ir ampliando mediante ejercicios esa visión. Así se consigue leer mucho más deprisa, y aunque parezca mentira se logra una mayor comprensión, ya que se adquiere una visión global y de conjunto. Era lo más avanzado. Sin embargo, los japoneses afirman haber dado un inmenso paso en acelerar el método de lectura: 100.000 signos por minuto. Dicho de otra forma, setenta veces más rápido que un buen lector. Podría leer una página a la velocidad con que la mira. Dos libros en ocho minutos.

El sueño y los accidentes laborales

Una somnolencia excesiva durante el día podría ser causa suficiente para abandonar el puesto de trabajo, según reconoce el Seguro Nacional de Israel tras los estudios realizados en su laboratorio del sueño. Al analizar los hábitos de dormir de más de 1.500 obreros se comprobó que por una u otra razón un porcentaje

mucho más alto de lo que se creía padecía somnolencia diurna excesiva. En este grupo, el porcentaje de accidentes fue significativamente alto (52,1 por 100 sufrieron algún percance, frente a los 35 de la población obrera general). Después del accidente, los que tenían excesiva somnolencia tardaban más en recuperarse y tenían mayores problemas, tanto de integración laboral como de tipo personal, mostraban menos satisfacción y el tiempo de hospital era mayor. Parece ser que esa excesiva somnolencia puede ser tratada; pero de momento, los resultados obtenidos se cursaron a todos los médicos de empresa.

Experiencias contra el Sida

Diez enfermos de Sida van a ser tratados en España

con la *azidotimidina*, la AZT. Para que una experiencia de este tipo tenga valor tienen que estructurarse una serie de parámetros. Las exigencias que se establecieron para ser objeto de la prueba fueron: que el enfermo fuera mayor de 18 años; que la enfermedad de inmunodeficiencia adquirida haya sido

GAMMA

claramente diagnosticada, de acuerdo con los criterios definitorios de la Organización Mundial de la Salud; cuando vaya a comenzar el ensayo no puede tener una infección de las muchas oportunistas

que pueden afectar a estos enfermos; si son drogadictos tienen que llevar un tiempo de abstinencia; han de tener antígeno positivo y unas características analíticas determinadas.

Dolor «sexual» de cabeza

Aunque no es muy frecuente, hay un sector de población que tiene fuertes dolores de cabeza después de hacer el amor. Al menos, ese es el tema central del libro que acaba de publicar el doctor **Donald Johns,** de Boston. Sostiene que no suele tener consecuencias. Y afirma que se comunican pocos casos porque, al parecer, hay temor a que ese dolor pueda enmascarar algo más serio. Realmente, y salvo excepciones, la razón hay que buscarla en que el orgasmo produce un aumento rápido de la presión sanguínea. Los y las jaquecosas saben que ese aumento de presión suele desencadenar el dolor tan clásico y sobre todo tan *pursatil*. Se nota

WALTERCARLOS

como un martillazo. De todos modos el doctor **Donald Johns** aconseja la consulta al neurólogo.

NOVOSTI

Chernobil: se esperan cánceres

Se celebró en Moscú una reunión por la Paz bajo los auspicios de la Asociación de Médicos para la Prevención de la Guerra Nuclear, recientemente galardonada con el Nobel de la Paz. Hablando de Chernobil, se dijo que estaba ya controlado, pero que se espera una alta incidencia —entre 2.000 y 3.000 casos— de tumores y leucemias. Sin

embargo, esta fue quizá la anécdota dentro de la reunión basada en establecer el entendimiento entre los dos bloques, ya que las mutuas acusaciones no tenían sentido. También se dijo —el profesor **Wilkins,** Nobel de Química, británico— que el clima científico era bueno, pero que una cosa era la ciencia y otra la utilización pública que se hacía de ella.

Prevención del paludismo

Quien viaje a zonas endémicas con paludismo recibirá instrucciones de

los medicamentos que debe tomar no a modo de vacuna —que no la hay—, sino como medida preventiva. Como el tiempo de incubación de la enfermedad es largo, el viajero deberá recordar semanalmente sus fármacos hasta casi dos meses después de haber visitado esos países. Ningún medicamento es totalmente satisfactorio y como recoge el Boletín de Vigilancia Epidemiológica, ha provocado algún fallecimiento, además de efectos serios. La frecuencia de efectos secundarios graves puede cifrarse en uno de cada 2.000. Salvo que haya gran riesgo de infección, lo mejor es buscar protección contra los mosquitos.

La ética de los descubrimientos médicos

La *Guía Etica Europea* para los médicos dedica un capítulo a la publicidad de los descubrimientos. Deben darse a conocer a los medios profesionales y someterlos a la consideración y análisis

de otros médicos antes de darles publicidad. Considera contraria a la ética *«toda explotación publicitaria de un éxito médico en provecho de una persona, grupo o escuela».* Es curioso que esta guía se difunda cuando la polémica entre Estados Unidos y Francia por la paternidad del reconocimiento del virus del Sida y de los *test* de detección de anticuerpos, fue tan agria.

Lluch repiensa con sosiego

Ernest Lluch ha iniciado una colaboración en *Jano*, en la que bajo el título de *Repensando con sosiego* analiza cuestiones relacionadas con su anterior cartera ministerial. En su primera comparecencia pública, toma una frase de la antigua ministra francesa de Sanidad, **Simone Veil:** *«En todos los países el ministro de Sanidad debe afrontar el problema de la reducción de los presupuestos porque el costo de la medicina crece más rápidamente que la inflación.»* **Lluch** insiste en lo dicho tantas veces: la salud no tiene precio, pero tiene un coste. Y ese coste, para **Lluch** va ascendiendo, entre otras razones porque cada vez hay menos nuevos medicamentos. De 1955 a 1962 el número de nuevos medicamentos se situó en una media de 45 al año. Desde 1962 ha sido de 17.

B. Antes de llamar al médico   Lee este artículo y usa la información para contestar **en inglés** las preguntas en la página 163.

Por Blanca Silva

reparo = *doubt*
salud = *health*

CUANDO HAY QUE LLAMAR AL MEDICO

Los niños pequeños aún no se expresan muy bien y, cuando están enfermos, suelen transmitir un cuadro sintomático bastante confuso. De ahí que muchas madres duden en determinadas situaciones si conviene esperar un poco a ver cómo evoluciona el niño, llevarlo al consultorio o llamar al médico. Sobre todo las madres primerizas generalmente tienen cierto reparo a la hora de llamar al pediatra o ir a la consulta, porque piensan que si el niño no tiene nada grave van a quedar en ridículo. Pero nada está más lejos de la realidad. Ningún médico recrimina a una madre porque esté preocupada por la salud de su hijo. Por el contrario, se alegrará de que se le ponga pronto al corriente de todo, puesto que ello facilita su trabajo.

Evidentemente, la madre no es quién para dilucidar si los síntomas del pequeño son o no importantes; el buen pediatra le agradecerá que le consulte siempre hasta las dudas aparentemente insignificantes.

Ello no es obstáculo para que las madres con cierta experiencia puedan aventurar ya una primera evaluación y optar entre llamar al médico, ir a verlo o acudir a un centro de urgencia. En todo caso, como ya indicábamos al principio, siempre será preferible llamar al médico pronto que no cuando el niño ya esté muy debilitado.

Si el niño amanece con un poco de fiebre, por ejemplo, no se debe esperar a última hora de la tarde para ver cómo evoluciona, pues por la noche es mucho más difícil encontrar ayuda.

Ante cualquiera de estos síntomas, el médico debe ver a su hijo lo antes posible:

1. Vómitos: sobre todo si son bruscos y van acompañados de dolores abdominales, si huelen a acetona o si coinciden con fiebre y fuerte dolor de cabeza.

2. Diarreas: por el peligro de deshidratación que suponen, sobre todo para los niños pequeños.

3. Fiebre alta: porque puede terminar en las temidas convulsiones. Las causas que la provoquen pueden ser muy distintas. Es imprescindible la presencia de un médico que las determine y ponga remedio cuanto antes.

En todo caso, antes de dar al niño un medicamento para bajar la fiebre, siempre hay que consultar al médico. Como el medicamento antitérmico no cura, una vez pasados sus efectos, nos podemos encontrar con que su enfermedad está mucho más avanzada y la sintomatología ha aumentado gravemente.

4. Dificultad respiratoria: si tu hijo tiene disnea, fatiga, irritación en la garganta o el pecho le suena mucho, es necesario que el médico acuda a auscultarle sin demora.

5. Erupciones o manchas coincidiendo con fiebre: son urgentísimas las manchas de carácter sanguíneo.

Ante cualquiera de los siguientes casos, hay que llevar al niño a un centro de urgencias:
● Convulsiones
● Pérdida de conocimiento
● Heridas, hemorragias, traumas y quemaduras graves
● Intoxicaciones
● Respiraciones comprometidas con asfixia.

1. ¿Por qué es difícil determinar la gravedad de la enfermedad de un niño pequeño? _____
   _____

2. Según la autora del artículo, las madres primerizas (por primera vez) tienen reservaciones en llamar al médico. ¿Por qué? _____
   _____

3. ¿Cómo reaccionará el buen pediatra al consultarle la madre sus preocupaciones sobre los síntomas de su hijo? _____
   _____

4. ¿Qué les recomienda la autora a las madres expertas y primerizas con respeto a niños pequeños enfermos? ¿Por qué? _____
   _____

Usa la información en el artículo para aconsejar a las personas siguientes. Diles si deben a) *llamar al médico*, b) *llevar el niño al médico*, o c) *llamar una ambulancia*.

1. La abuela de Aurora no sabe qué hacer. Aurora, una niña de 18 meses, estaba bien pero una hora después de almorzar, empezó a vomitar. Desde entonces no hace nada más que llorar. ¿Qué le recomiendas?

   Tu recomendación: _____

2. La tía de Artemio está preocupada. Artemio, un bebé de 9 meses, tiene manchas rojas por todo su cuerpo y fiebre. Sigue su rutina diaria como si nada le molestara. ¿Qué debe hacer ella?

   Tu recomendación: _____

3. La vecina de los Balboa está muy nerviosa. Ella se ofreció a cuidar a los niños, Gustavito (5 años) y Armandito (3 años) mientras sus padres iban a un concierto. Resulta que Armandito tiene fatiga, dolor de garganta y fiebre alta. ¿Qué harías?

   Tu recomendación: _____

4. La empleada de los Calvo está histérica. Acaba de entrar en la habitación de Oscarito (de 14 meses) y se ha encontrado al niño con convulsiones. Ella está paralizada. ¿Qué debe hacer ella?

   Tu recomendación: _____

C. **La carta testimonio**   Este ejercicio es de dos partes. La primera parte es una carta-testimonio, y la segunda parte consiste de un anuncio con información útil en caso de hospitalización. Primero, lee la carta-testimonio en la página 164 y contesta las preguntas sobre el estilo de la carta y luego de su contenido.

Primera parte

I. El estilo

a. Esta carta va dirigida a
    1. enfermeras
    2. americanos
    3. médicos
    4. cualquier persona que busque servicios médicos

    Justifica tu respuesta: _____
    _____

CARTA-TESTIMONIO DE UNA MADRE AMERICANA

Si se trata de la salud, 5.000 Km. no es mucha distancia.

Si usted también cree, como la señora Rubin, que la distancia no debe ser una barrera para conseguir lo mejor para los suyos, póngase en contacto con nosotros enviándonos el cupón y le informaremos más ampliamente.

"Mi hijo Gregory, de 22 años, duerme en su cama de la Clínica Universitaria de Navarra. ¿Cómo nos encontramos en Pamplona, tan Somos de New Jersey. ¿Cómo nos encontramos en Pamplona, tan lejos de nuestro hogar?.

Hace ocho años se le detectó a mi hijo Greg un tumor cerebral. No era maligno. Recibió radioterapia y después de un año de recuperación se reintegró a la vida normal.

En enero del pasado año, Greg sufrió una convulsión. La intervención quirúrgica que se le practicó en New York, descubrió un nuevo tumor, pero, esta vez, maligno.

Consultamos a los mejores médicos de New York. Recomendaron un tratamiento de quimioterapia y radiación. Al mismo tiempo, un especialista de Filadelfia nos puso al corriente de una técnica que se utiliza en Europa, especialmente en Pamplona, España. Nos comentó los excelentes resultados obtenidos por la Clínica Universitaria de Navarra. Nos habló de la Clínica desde dos puntos de vista, el tecnológico y el humano.

Por fin vinimos a España. Hoy pienso si es posible comparar la Clínica Universitaria con los hospitales americanos. Ciertamente nuestros hospitales, nuestros médicos, nuestra tecnología, es excelente. Nuestra experiencia con la profesión médica americana ha sido muy buena pero... la Clínica de Pamplona merece, en mi opinión, una consideración muy especial.

Tras conocer la Clínica pude comprobar el excelente equipo médico, auxiliado por modernos e impresionantes aparatos. En pocas palabras tengo completa confianza en las posibilidades técnicas del Centro. Pero, ¿qué decir del aspecto humano?.

Tanto la atención al enfermo como a los acompañantes es diferente. Es algo especial.

Por el momento, sólo tenemos esperanza y gratitud por el tratamiento y la asistencia recibidos.

La Clínica Universitaria de Navarra, su espíritu, sus expertos en Medicina, pero, sobre todo, la calidad humana de cada uno de sus componentes, merecerán nuestro eterno agradecimiento."

Mrs. Elisabeth Rubin, New Jersey - USA

---

b. La intención central (o primaria) de esta carta es
  1. informar al lector
  2. entretener al lector
  3. persuadir al lector
  4. criticar los hospitales norteamericanos

Justifica tu respuesta: _____

c. Generalmente la carta-testimonio sirve para persuadir al lector. ¿Cómo quiere persuadir al lector la Sra. Rubin?

_____
_____

d. ¿Piensas que ella depende más de datos *(facts)*, opiniones o experiencia personal para persuadir? Explica.

_____
_____

II. Contenido

a. ¿Qué problema médico tiene su hijo, Greg?
_____

b. ¿Cómo es que encontraron la Clínica Universitaria de Navarra?
_____

c. Según la Sra., ¿qué aspectos de los hospitales americanos se pueden comparar con los de la Clínica?
_____

d. En resumen, ¿por qué recomienda la Clínica?
_____

Segunda Parte

Lee este anuncio y contesta las preguntas en español. (¡**OJO**! Seguro = *insurance*.)

ASEGURE SU SALUD
Con una asistencia hospitalaria altamente especializada

UN SEGURO DE HOSPITALIZACION DE TODA GARANTIA

El Seguro de Hospitalización que ahora le ofrece Asistencia Clínica Universitaria de Navarra cubre cualquier tipo de hospitalización quirúrgica, médica, psiquiátrica, obstétrica (partos), pediátrica, en unidades especiales: U.C.I. para adultos, U.C.I. para neonatos y pediátrica, Unidad Coronaria, etc.

En todo momento tendrá cubiertos todos los cuantiosos gastos que se derivan de la hospitalización en un Centro de alto nivel. Pero, sobre todo, contará con la seguridad de saber que su salud estará en manos de un equipo de especialistas en constante actualización científica, porque son profesores de una prestigiosa Facultad de Medicina, porque todas la personas de la Clínica Universitaria de Navarra trabajan con dedicación exclusiva en sus tareas asistenciales y docentes y le dedicarán todo el tiempo que sea necesario, y porque saben que el bienestar del paciente es parte fundamental del tratamiento y recuperación. Por eso -y porque valoran la dignidad que tiene cualquier enfermo- se esfuerzan por prestar una asistencia muy personalizada. Por todo ello, su salud estará realmente asegurada.

MAXIMAS FACILIDADES PARA ASEGURARSE

Para suscribir el Seguro de Hospitalización tan sólo son necesarias dos condiciones: tener menos de 61 años (para las empresas la edad puede llegar hasta los 65 años) y rellenar un cuestionario sobre su salud. No deberá someterse a ningún examen médico. A partir de la suscripción de la Póliza, puede seguir asegurado toda la vida.

SEGURO QUE ESTA A SU ALCANCE

Por 13.750 pesetas por persona/año, usted puede asegurarse todos los servicios hospitalarios en la Clínica Universitaria de Navarra.
Además existen importantes descuentos familiares en función del número de hijos.

Deseo recibir mayor información sin compromiso.

Nombre _____
Dirección _____ Tel._____
Población _____ D.P._____
Provincia _____

Asistencia Clínica Universitaria de Navarra

S.A. de Seguros ACUNSA. Av. de Bayona, 26 1.º B. Tels. (948) 27 78 50 - 27 78 11. 31011 PAMPLONA
S.A. de Seguros ACUNSA. Jorge Juan, 32 4.º. Tels. (91) 431 93 10 - 431 95 79. 28001 MADRID

a. ¿Qué puedes asegurar con este producto? _____

b. ¿Cuáles son los tres puntos más importantes de este anuncio? _____
_____
_____

c. Menciona cinco tratamientos especiales que puedes recibir bajo esta póliza. _____

_____

_____

_____

d. ¿Por qué tienen los médicos de esta Clínica buena fama? Da tres razones. _____

_____

_____

e. ¿Cuáles son las dos condiciones necesarias para suscribirse a este seguro? _____

_____

f. *Cierto o falso:* Si deseas este seguro, debes tener un examen médico. _____

g. *Cierto o falso:* Esta póliza es para siempre. _____

h. ¿Cuánto cuesta este seguro por persona? _____

i. ¿Qué ventajas hay para familias con hijos? _____

_____

_____

j. *Cierto o falso:* Al mandar el cupón, quedas obligado a comprar la póliza. _____

k. Completa el cupón con tu propia información.

ESCRIBIR

Primera etapa

A. ¡Laringitis! While on vacation in Chile, you are taken ill. You feel miserable—you have chills and a fever, your head hurts, your throat is sore and you feel weak. To top it all off, you have lost your voice and can't talk, not even in a whisper. The only good thing is that you don't feel any nausea and haven't vomited. Get ready for your visit to the doctor by writing down all these symptoms in a note. (After all, you can't talk!) Also, include a few questions that you have about your illness and its treatment.

B. El Año Nuevo   Es el año nuevo y decides iniciar varios cambios en tu vida. Usa **el tiempo futuro** al hacer una lista de 10 resoluciones. Estos cambios deben reflejar diferentes aspectos de tu vida como la salud, la dieta, los estudios o el trabajo, las finanzas, el romance, etc.

Modelo: *Haré más ejercicio.*

1. _____
2. _____
3. _____
4. _____
5. _____
6. _____
7. _____
8. _____
9. _____
10. _____

C. Rey/reina por un día   While reading a magazine, you run across an entry form for the *"Rey/reina por un día"* contest. The winner will get to spend a day exactly as he or she wishes. Fill out the contest form below. Note that in addition to the usual personal information, you will have to explain exactly how you would spend the day if you were chosen *"Rey/reina por un día."*

¡GRAN CONCURSO!
REY/REINA POR UN DÍA
Tú puedes ganar…¡Escríbenos ahora!

Nombre y apellidos _____

Domicilio _____

Ciudad/Estado/Código postal _____

Completa en 100 palabras:

   Si yo fuera "rey/reina por un día",… _____

_____

_____

_____

_____

_____

_____

A. En la farmacia Estás de viaje en Cancún, México, cuando te enfermas. Necesitas curarte lo más pronto posible para poder disfrutar tu viaje. Un empleado en el hotel te recomienda que vayas a consultar con el farmacéutico. Completa el diálogo en español con la información necesaria.

Farmacéutico = F

F : Buenas noches. ¿En qué puedo servirle?

Tú: _____

(I'm here on vacation and don't feel well.)

F : ¿Qué le pasa?

Tú: _____

(I am nauseous and can't eat or drink anything.)

F : ¿Tiene otros síntomas?

Tú: _____

(Yes, my stomach hurts and I have diarrhea.)

F : Bueno, le voy a recetar unas pastillas que le van a aliviar los síntomas. Pero manténgase a base de líquidos.

Tú: _____

(When should I take the medicine?)

F : Tome dos pastillas tres veces al día después de comer. Si no se mejora pronto o si tiene fiebre, vaya a ver un doctor. ¿Desea algo más?

Tú: _____

(Yes, my son tripped while walking and hurt his leg. Do you have a bandage?)

F : Sí, póngasela pero llévelo al doctor mañana. ¿Es todo?

Tú: _____

(Yes, thank you. That's all.)

F : Muy bien. La cuenta es ochenta mil pesos.

Tú: _____

(Here's the money, and thank you very much.)

B. En el consultorio del Dr. Uriol Examina a los pacientes en la sala de espera del consultorio del Dr. Uriol, un cirujano ortopédico, y luego contesta las preguntas según el modelo.

Modelo:

¿Puede jugar al béisbol Manolito? (romper)

No, *se le rompió el brazo.* _____

_____.

1

¿Pueden pagar los señores Carrillo por su consulta con el Dr. Uriol? (olvidar)

No,_____

_____

2

¿Puede leer la hoja clínica Don Ernesto? (caer)

No,_____

_____

3

¿Quiere ir a esquiar en la nieve con sus amigos Horacio? (romper)

No, _____

_____

4

¿Siente mucho dolor en la rodilla Rosita? (aliviar)

No, _____

_____

5

¿Puede caminar bien Gabriel? (torcer)

No, _____

_____

C. Los consejos   Piensa en algunos de los momentos más importantes de tu vida. ¿Qué consejos te dieron tus familiares y tus amigos en esas ocasiones? Completa las siguientes frases, escribiendo algunos de los consejos que recibiste. (¡**OJO**! Hay que usar el subjuntivo.)

1. Cuando yo salí para mi primera cita *(date)*, mi padre me dijo que _____

_____ .

   Y mi madre insistió en que _____

_____ .

   Los dos me dijeron que era necesario que _____

_____ .

2. Cuando aprendí a conducir un coche, mis padres recomendaron que_____

_____ .

   También me sugirieron que_____

_____ .

   El día del examen para mi licencia, mi madre/padre me aconsejó que_____

_____ .

3. La primera vez que me quedé solo/-a en casa (sin una niñera), mi madre me dijo que no _____

_____ ,

   y también que_____ .
   Ella prefería que _____

_____ .

4. Cuando empecé mis estudios en esta universidad, mis padres me dijeron que era importante que _____

_____ .

   Mis abuelos me pidieron que_____

_____ .

   Y mis amigos me dijeron que esperaban que_____

_____ .

A. La hoja clínica   Piensa en tu última visita al médico. Ahora, imagínate que esa visita fue con un médico hispano y llena el formulario en español como si acabaras de llegar al consultorio del médico hispano por primera vez. Usa tu imaginación. No es necesario que llenes el formulario con información verdadera.

INFORMACIÓN DEL PACIENTE

Nombre _____
           Apellido(s)   Nombre   Inicial del segundo nombre

Dirección_____
                                                    Calle

_____
           Ciudad   Estado   Zona Postal

Teléfono_____ Fecha de nacimiento _____

Número de seguro social _____ Estado civil _____

Ocupación_____ Estatura _____ Peso _____

Lugar de empleo_____

Compañía de seguro _____ Número de póliza_____

En caso de emergencia llamar a_____

Teléfono_____ Relación _____

Fecha de su última visita _____

HOJA CLÍNICA

¿Ha padecido Ud. o algún familiar suyo de estas enfermedades?

	Sí	No	No lo sé
alergia			
asma			
ataque cardíaco			
cáncer			
diabetes			
hepatitis			
presión alta			
SIDA			
tuberculosis			
úlceras			

Razón de su visita hoy _____

Describa sus síntomas _____

_____

_____

_____   _____
           Firma   Fecha

B. Rolandito el malcriado Eres consejero/-a en un campamento de niños durante el verano. Uno de tus deberes es mantener correspondencia con los padres para que sepan el progreso de sus hijos. Completa esta carta a la madre de Rolandito con la información necesaria.

Campamento Arco Iris

18 de julio, 1989

Estimada Sra. García:

Siento mucho tener que informarle que Rolandito no está muy conforme aquí en el Campamento. Como Ud. sabe, desde el principio él tuvo problemas en adaptarse a la rutina diaria que seguimos. Pensaba que la situación mejoraría, pero, al contrario, ha empeorado. Nosotros hemos llegado a la conclusión que Rolandito no quiere adaptarse y que es un hipocondríaco.

Se niega a participar en las actividades. Dice que no puede nadar porque (1)_____ (his ears hurt him). *El médico lo examinó y no encontró* (2)_____ _____ (an infection, so he didn't prescribe antibiotics). *Cuando jugamos al béisbol, se queja del* (3)_____ _____ (Achilles' tendon, and asks for painkillers). *Si vamos a caminar, Rolandito* (4)_____ _____ (pants, gasps for air and limps). *En resumen, de los quince días que Rolandito ha estado aquí, se ha pasado diez días en* (5)_____ _____ _____ (the hospital or in the doctor's office waiting for a diagnosis). *El colmo fue cuando dijo que no quería ducharse porque el agua era muy fría y le daba* (6)_____ (a cold/the flu and a cough).*

Francamente, Sra. García, (7) ¡_____! (We can't stand anymore!)

Por favor, rogamos de Ud. una contestación inmediata a esta carta porque nosotros no sabemos qué hacer.

Muy atentamente,

Adela Flores G.

C. Dilemas morales ¿Qué harías tú en estas situaciones difíciles? Completa las frases; hay que usar el condicional.

1. Si un joven de catorce años me pidiera que le comprara cerveza, yo_____ _____ .

2. Durante un examen, si un/-a compañero/-a de clase me copiara las respuestas, yo_____ _____ .

3. Si yo encontrara mil dólares en una billetera en la calle,_____
_____.

4. Si yo encontrara un cigarillo de marijuana en el apartamento de mi hermano/-a, _____
_____.

Y ahora, tienes que explicar bajo qué circunstancias harías lo siguiente. Completa las frases con el subjuntivo.

5. Yo protestaría a la administración de esta universidad si _____
_____.

6. Yo no volvería a hablar con mi mejor amigo/-a si_____
_____.

7. Yo preferiría morir si_____
_____.

8. Yo emigraría a otro país si_____
_____.

ESCUCHAR

A. En el consultorio del Dr. Salinas   The nurse is telling Dr. Salinas about all the patients waiting to see him today. Listen as she identifies the name and illness of each patient. Write each patient's name next to the corresponding picture below.

B. Los anuncios públicos The following Colombian citizens are listening to the radio, where they will hear several public service announcements. First read the descriptions of the citizens, and then try to determine which radio announcement will be of particular interest to each listener. Record the number of the announcement next to the description of the listener to which it corresponds. You will hear each announcement twice.

_____ una señora con un niño que va a empezar a asistir a las clases en una escuela pública por primera vez

_____ un señor de 68 años

_____ una señora que quiere pero no puede tener hijos

_____ un estudiante universitario que está enfermo pero no tiene transporte

C. El accidente Listen to the dialogue between Doctora Ramos and her patient, Luis Alfonso. Then number the sentences below from 1 to 6 to indicate in which order the events occur. You should read the statements before you begin listening to the dialogue. You will hear the dialogue twice.

_____ La doctora le examina la pierna.

_____ La doctora le da unos consejos.

_____ Luis dice que no se desmayó después del accidente.

_____ La doctora indica que su herida en la frente es más seria de lo que pensaba.

_____ Luis explica cómo pasó el accidente _(pintando la casa)._

_____ La doctora le presenta a la enfermera.

D. El cóctel All of Victor's co-workers are wondering why he isn't with them at the boss's cocktail party. The pictures below correspond to some of their conjectures concerning his whereabouts. Number them in the same order you hear them discussed in the conversation. One picture will not be used.

Nombre _____   Fecha _____

E. En la sala de emergencia   You are an emergency room clerk at a hospital in San José, Costa Rica. Your job is to record the information that emergency personnel gives you over the radio in their ambulance so that you can be prepared for the arrival and subsequent treatment of the patients. In the appropriate spaces write the letter(s) that corresponds to the symptoms of the patients and the first aid treatment(s) administered to

paciente	síntomas	primeros auxilios
#1		
#2		
#3		
#4		

them by the ambulance personnel.

síntomas	primeros auxilios
a. chest pains	a. disinfected wound
b. wound/cut	b. bandaged wound
c. injured leg	c. tried to reduce fever
d. high blood pressure	d. gave a pain killer
e. fever	e. gave a shot
f. difficulty breathing	f. gave oxygen

CAPÍTULO DIEZ

¡A divertirnos!

LEER

A. Los anuncios de las páginas amarillas   Lee los anuncios de las páginas amarillas que ofrecen servicios para fiestas en la página 178 y contesta las preguntas siguientes en español.

1. Primero, nota la información en los anuncios.

   a. Haz una lista de las ocasiones que se anuncian para fiestas. _____

      _____

      _____

      _____

      _____

   b. ¿Qué ocasiones religiosas se celebran con fiestas? _____

      _____

      _____

   c. ¿Cuáles son generalmente para niños o jóvenes menores de 19 años de edad?_____

      _____

      _____

   d. ¿Qué fiestas son para comerciantes?_____

      _____

   e. ¿Cuáles de los anuncios incluyen el uso de un salón o una sala de fiesta? _____

   f. ¿Cuáles ofrecen sus servicios para fiestas a domicilio? _____

   g. ¿Cuáles incluyen el uso de meseros? _____

   h. ¿Cuál anuncia cocteles? _____

   i. ¿Cuáles anuncian servicios para fiestas infantiles? _____

   j. ¿Qué tipo de comida mencionan en algunos anuncios? _____

      _____

      _____

      _____

k. ¿Qué decoraciones se anuncian en algunos de los servicios? _____
_____
_____
_____

l. ¿Cuáles incluyen el uso de manteles, mesas y sillas? _____

m. ¿Cuáles de los servicios ofrecen entretenimiento? Da ejemplos. _____
_____
_____

2. ¿Cuál de los servicios necesitas tú?

a. Tienes que organizar una convención. _____
b. Tu sobrina quiere celebrar su fiesta de quince años en un lugar romántico. _____
c. Vives en Chetumal y tienes que ayudar a planear la boda de tu hermana. _____
d. Vas a celebrar el cumpleaños de tu hermanito de siete años. _____
e. Tu jefe te pide que organices un banquete para los empleados. _____
f. Tu madre quiere tener una fiesta en casa; no quiere trabajar mucho. _____

B. Etiqueta   La siguiente selección viene de la revista *Buenhogar*. Aquí vas a aprender más sobre los buenos modales (*good manners*), según Elizabeth Post.

1. En la primera sección vas a leer las cartas; en la segunda parte, las respuestas. Pon la letra de la respuesta correcta al lado de la carta correspondiente.

ETIQUETA

Por Elizabeth L. Post

¿PUEDO...?

¿Puedo corregir las faltas de educación que comete mi sobrino de siete años en la mesa, cuando él y sus padres llegan a comer?

UNA INVITACION SOLO PARA ADULTOS

Mi esposo y yo queremos invitar a cenar a una pareja amiga nuestra, pero no deseamos incluir a su niño, al que llevan a todas partes. ¿Cómo podemos decirles que deseamos verlos solos, sin herir sus susceptibilidades?

HUESPEDES INVOLUNTARIOS

En una gran reunión familiar, algunos parientes nos dijeron a mi esposo y a mí que nosotros debíamos ser anfitriones de la siguiente reunión. ¿Debieron consultarnos antes?

NOTAS DE AGRADECIMIENTO

Cuando mi esposo fue operado, recibimos múltiples notas y cartas de interés de algunos amigos, parientes y clientes. ¿Debemos agradecerlo? Y si es así, ¿cuál es la mejor manera de hacerlo?

INVITACIONES DE BODA

Mi esposo desaprueba al prometido de nuestra hija y no quiere participar en su boda. Ya desistí de que vaya a la ceremonia, pero todavía estoy tratando de que acepte que en las invitaciones aparezca el nombre de ambos. Si él no accede, ¿es correcto que aparezca sólo mi nombre?

AL LLEGAR A UN RESTAURANTE

Cuando un hombre y una mujer entran a un restaurante en donde deben tomar asiento por sí mismos, ¿debe el hombre seguir a la mujer a la mesa?

Respuestas

a

Elabore una frase como esta: ¿Les gustaría asistir a una cena para adultos la noche del sábado? Cenaremos y después jugaremos una partida de naipes.

b

No. Usted no debe corregir a su sobrino si sus malas maneras no afectan a los demás comensales: comer con los dedos, por ejemplo. Sin embargo, cuando sea así, usted puede decir: "Jaimito, ¿no te pusieron cubiertos?" Sus padres captarán la indirecta y le dirán algo.

c

Aunque su esposo no quiera participar en la boda, usted debe convencerlo para que su nombre aparezca también en las invitaciones. Dígale que, de no hacerlo, el problema sería notorio y crearía una desagradable atmósfera no sólo para su hija, sino también para todos los asistentes.

d

Lo correcto es que el hombre y la mujer se dirijan juntos a la mesa o que ella vaya adelante, seguida muy de cerca por el hombre, de manera que puedan discutir qué mesa desean tomar. La mujer llega a ella, elige su lugar y entonces el hombre le acerca la silla.

e

A los amigos que enviaron cartas y a los parientes cercanos, no sólo escriba una nota de agradecimiento, también llámelos por teléfono. Si viven lejos de su ciudad, escríbales una carta. A los conocidos, una nota es la mejor manera de agradecer su interés.

f

Sí. Sus parientes debieron preguntarles si deseaban hacer la reunión siguiente, no ordenarles o decirles que era su turno. La sugerencia debió ser hecha en privado para que ustedes tuvieran tiempo de considerarlo. En una situación como ésta, lo mejor es aceptar de la forma más cortés.

2. Ahora piensa en los consejos que Elizabeth Post dio en cada caso. Basándote en esos consejos, completa los siguientes diálogos con respuestas **corteses**.

a. Tu sobrino: ¡Uy! No me gusta este pollo—está muy seco. ¿Verduras? ¿¡Para mí!? En realidad no tengo mucha hambre. Quiero un poco de helado y esto es suficiente.

Tú: _____
_____

b. Los tíos: Esto ha sido una reunión fenomenal, ¿verdad? Y para el año que viene, ¿¡por qué no vamos todos a la casa de Alejandro y Carlota!? Tienen una casa tan grande y nueva; seguro que vamos a estar muy cómodos allí.

Carlota: _____
_____

c. El padre: Nuestra hija, ¿casarse con ese idiota? ¡Jamás! Mira, tú haz lo que quieras, pero yo no quiero tener nada que ver con esa boda. ¡Y no pongas mi nombre en las invitaciones! ¡Ni te atrevas!

La madre: _____
_____

C. **La fiesta desastrosa de Bruce Willis** Ahora vas a leer una selección de la revista española *¡Hola!* en la página 182.

1. Después de leer el artículo sobre la fiesta de Bruce Willis, pon los siguientes eventos en orden. Escribe los números de 1 a 9 al lado de cada suceso (*event*):

_____ Bruce replicó sarcásticamente a la primera advertencia de la policía.
_____ La policía llegó y un agente le pidió con un megáfono que bajara el volumen.
_____ Bruce Willis organizó una fiesta en su casa para unos amigos.
_____ Bruce salió de la comisaría y le trataron la herida.
_____ A las dos o tres de la madrugada, todavía tocaban la música muy alto.
_____ Una pelea empezó.
_____ La policía arrestó a cinco personas y las llevó a la comisaría.
_____ La policía llamó a la puerta y pidió hablar personalmente con el dueño.
_____ Unos vecinos llamaron a la policía.

2. Imagina que tú estabas en la fiesta de Bruce Willis. Cuenta lo que pasó esa noche. Trata de incorporar algunas de estas palabras en tu resumen:

de repente *suddenly*   más tarde *later on*
primero *first*   evidentemente *evidently*
luego *then, next*   por eso *that's why, for that reason*

¡No vas a creer lo que pasó anoche! Estaba en la fiesta de Bruce Willis y _____
_____
_____
_____
_____
_____
_____
_____
_____

La fiesta que daba el actor en su casa terminó en la Comisaría

BRUCE WILLIS EL HEROE DE «LUZ DE LUNA» SE ENFRENTO EN UNA VERDADERA BATALLA CAMPAL A LA POLICIA

BRUCE Willis, la estrella de la televisión del momento, el hombre que además está triunfando en el mundo como rockero y uno de los personajes más populares de la actualidad, tuvo en su casa una gran pelea con la Policía, que parecía sacada de uno de los capítulos de su famosa serie, «Luz de Luna».

Una gran batalla campal se organizó a altas horas de la madrugada en su mansión de las colinas de Hollywood, que se originó por las quejas de los vecinos, que protestaban por el alto volumen que tenía la música, pues el actor daba una fiesta para sus amigos. El escándalo que se formó fue mayúsculo, y la pelea tan fuerte, que el ídolo de la televisión salió mal herido: Bruce tiene ahora un omóplato roto.

LLEGA LA POLICIA

Todo empezó cuando los vecinos que viven en las mansiones señoriales de las colinas de la ciudad que rodean la casa de Willis avisaron a la Policía para que intentara acabar con el ruido. Los agentes se presentaron delante de la casa del actor y le pidieron con un megáfono que bajase la música, ya que estaba sobrepasando los límites establecidos.

«Tus tipos no tienen que trabajar mañana», gritó el actor asomándose a la ventana. La Policía al principio no entendió lo que Bruce decía debido al fuerte ruido que salía de la casa, así es que se acercaron a la puerta lateral. Llamaron y preguntaron por el dueño de la casa, a lo que Bruce salió con expresión amenazadora y actitud agresiva, según informó luego la Policía.

Entonces fue cuando empezó la gran pelea. Los policías arrestaron a Bruce y también a otras cuatro personas, entre las que se encontraba su hermano Robert. Todos ellos fueron llevados posteriormente a la Comisaría, y aunque el actor salió poco después, tuvo que ser intervenido por su herida en el omóplato.

Bruce Willis con Cybill Shepherd, en «Luz de Luna». El actor resultó elegido entre más de tres mil candidatos para protagonizar la famosa serie

ESCRIBIR

Primera etapa

A. La invitación   Vamos a suponer que tú vas a tener una fiesta. Completa la invitación con la información necesaria. Incluye una nota personal a tu amigo aconsejándole que asista a la fiesta, y que es una fiesta de sorpresa para tu amiga, Julia. No olvides decirle a tu amigo que no le diga nada sobre la fiesta a ella.

Vamos a pasarlo
bien

Nombre _____

Fecha _____

Hora _____

Lugar _____

B. Unas citas. Completa los diálogos con una forma apropiada de los verbos **ir, venir, llevar** o **traer**.

1

Héctor: Según el periódico, la segunda sesión empieza a las ocho. ¿Quieres _____?

Gloria: ¡Sí, cómo no! Me encantan las películas de ciencia-ficción. A propósito, mi prima Ana está aquí de visita. No te importa que ella _____ con nosotros, ¿verdad?

Héctor: Si es tan guapa como tú, claro que no me importa. Bueno, paso por Uds. a las siete y media.

Gloria: ¿Por qué no _____(tú) un poco más temprano, como a las siete; así nos da más tiempo. Y no te olvides de _____me el libro que dejé en tu casa el otro día.

2

Héctor: Mira, hemos organizado una pequeña fiesta aquí en mi casa. ¿Quieres _____?

Gloria: ¡Fenomenal! ¿Qué quieres que yo _____? ¿Vino? ¿Unas tapas?

Héctor: Pues, en realidad no importa que (tú)_____ nada. Ya tenemos mucha comida. Pero, si quieres, ¿por qué no _____(tú) unos discos?

Gloria: Bueno, ahora _____. Hasta pronto.

3

Héctor: Siento mucho que no puedas _____ con nosotros.

Gloria: Yo también. Sé que va a ser un concierto estupendo. Oye, antes de _____, ¿podrías _____ aquí y _____me unas pastillas para la garganta de la farmacia?

Héctor: ¡Tranquila! Tengo algunas aquí en casa. Ahora mismo te las _____.

C. ¡Huelga!   Los estudiantes de tu universidad no están satisfechos con algunos de los servicios universitarios. Escribe frases para indicar de qué se quejan. Hay que incorporar el vocabulario de abajo. ¡Se permite exagerar!

todos	nadie
algo	nada
siempre	nunca
también	tampoco
algunos	ninguno

Modelo: *En las cafeterías siempre sirven "carne misteriosa" y nunca nos ofrecen bistec.*

1. _____
2. _____
3. _____
4. _____
5. _____

Segunda etapa

A. Fotos de la boda   En la página 186 se encuentra parte de una carta que Loli le está escribiendo a una amiga. En la carta, ella le explica quiénes son las personas en la foto. Completa la carta según las indicaciones abajo. Será necesario usar expresiones como "el bajo", "la que está al lado del novio", etc.

Aquí tienes la foto que te prometí. La saqué yo en la boda de mi primo, Javier. Así puedes cono-cer a casi toda mi familia. ¿Ves a los dos niños detrás de la novia? Pues…(The blond one is my little nephew Luisito and the one who has dark hair is my cousin Ángeles.) _____

_____

_____

Y luego, a la derecha, hay dos señoras mayores, vestidas muy elegantemente…(The one that's wearing a suit is my Aunt Margarita and the one wearing the lovely dress is my grandmother.)

_____

¿Ves a la izquierda donde están tres jóvenes…? (The tall one is my cousin Isaac, brother of the groom *(novio)*. Javier is the one who seems nervous. And the other one is a friend of theirs, Andrés.) _____

_____

_____

Creo que la foto salió bastante bien, ¿no te parece?

B. Antes de planear la fiesta   Tu jefe te pide que prepares una fiesta en honor de unos clientes muy importantes. Antes de hacer los preparativos tú haces una lista preliminar de las consideraciones más impor-tantes. Completa las frases con el indicativo o el subjuntivo de los verbos apropiados e incluye información adicional. Se puede repetir los verbos.

ser	tocar
servir	trabajar
acomodar	gustar
ayudar	poder

1. Necesitamos reservar un salón de fiestas que _____.

2. El Hotel Continental tiene un servicio de fiestas que _____.

3. Hay un buen conjunto musical que _____.

4. Quiero servir comida que _____.

5. Busco una secretaria para organizar la fiesta que _____.

6. Conozco a meseros/-as que_____.

7. Debo mandar a pedir arreglos de flores que_____.

C. Mi diario   Piensa en una fiesta a la que tú asististe recientemente. Haz una anotación en tu diario en la página 187 en la cual describes la ocasión con detalles. Incluye el motivo de la fiesta, una descripción de los invitados, la comida, la música, y las actividades en que participaron. Menciona algo interesante que ocurrió.

Diario

_____
_____
_____
_____
_____
_____
_____
_____
_____
_____
_____
_____
_____

Tercera etapa

A. Más correspondencia.   Lee las siguientes cartas y escribe el saludo y la despedida más apropiados para cada una.

*20 de febrero de 199_*

_____

    ¡Saludos de Cuzco! Ya llevo tres días en el Perú y poco a poco me estoy acostumbrando a la vida aquí. Mañana empiezan las clases y eso me hace mucha ilusión. He encontrado una habitación en una pensión cerca de la universidad; la dueña es una señora muy bondadosa y hospitalaria, así que me siento muy feliz y cómoda viviendo aquí. En realidad, lo único que me falta ¡eres tú! No te puedes imaginar cuánto te extraño. Ya estoy contando los días hasta que vengas a pasar las vacaciones aquí conmigo.

_____

Conchita

```
                              51 Bates Hall
                              Columbia, SC 29208
                              Estados Unidos

                              25 de marzo de 199_

Universidad de Quito
Facultad de Letras
A.P. 3982
Quito, Ecuador

_____

Quisiera que me informara de los requisitos necesarios para
poder ingresar en la Facultad de Letras de esa Universidad.
También ruego que me indique todo lo referente a las tasas
(fees), plan de estudios, horario y días de clase.

En espera de su grata contestación, quedo

                              _____

                              Susana Vargas
```

```
                                  4 de abril de 199_

Hotel Alfonso X
Calle Toro, 13
Salamanca, España

_____

Siento mucho comunicarles que con motivo de un cambio de
planes, mi esposa y yo no estaremos en Salamanca en mayo. Por
eso tengo que anular nuestra reserva de una habitación para
los días 5 y 6.

                                  _____

                                  Antonio Ballesteros
```

*17 de diciembre de 199_*

_____

   Patricia, hace unos días que me llegó tu carta. Muchísimas gracias por la felicitación de Navidad. Te mandé tu regalo de Navidad anteayer; espero que te guste. Este año no puedo ir a casa para estas fiestas; lo haré para Reyes.
   Anoche puso un coche-bomba la ETA. Murió una niña de siete años; su madre y otro niño están muy mal, su padre también está grave. Yo estaba cerca del atentado y ha sido tremendo.
   Manolita y Tere te mandan recuerdos.

                              _____

                              Amparo

B. ¿Cómo son las fiestas?   Escribe un párrafo en que explicas algunas de las costumbres asociadas con las fiestas universitarias norteamericanas. Trata de usar la construcción "se + verbo" en algunas de tus frases. Incluye las siguientes informaciones:

— what kinds of clothes people wear to parties
— what time parties start and whether or not people arrive on time
— what kinds of things people bring to parties
— what kinds of food and drink are served
— whether or not people dance
— what people do to have fun and pass the time
— what kinds of behavior are <u>not</u> acceptable
— what time parties end

_____
_____
_____
_____
_____
_____
_____
_____
_____
_____
_____
_____

C. Una carta de agradecimiento   Usa la información y los modelos en la tercera etapa del texto para escribirle una carta de agradecimiento al anfitrión o a la anfitriona que te invitó a una fiesta o a una cena. Incluye comentarios sobre la hospitalidad, la música, los invitados, la comida, etc. Describe con detalles el aspecto de la fiesta o de la cena que más te impresionó.

ESCUCHAR

A. La invitación de Armando
Listen to the message that your friend,
Armando Castillo, left on your answering
machine, inviting you to a party. Record the
specifics before you erase the tape.

Recado

☎

☛Favor de llamar a: _____

☛Nº de teléfono: _____

_____

☛Mensaje…
ocasión:

fecha:

hora:

lugar:

vestir:

no olvidar:

B. ¿Quién viene a la fiesta?   You volunteer to help organize a party honoring a group of Latin Americans
who will be visiting your city. As the party organizer calls out the responses she has received from guests, you
record the information on the list provided. You will hear the following twice.

LOS INVITADOS	SÍ	NO (¿POR QUÉ NO?)	NO HA RESPUESTO
Sr. y Sra. Gregorio Sedano P.			
Dr. Sergio A. Reyes M.			
Pastor Emilio Clemente			
Sra. Irma Ortega Vda. de León			
Sr. Edmundo Medina R.			
Sr. y Sra. Felipe San Martín			
Srta. Lourdes Quintero S.			
Dr. Arturo Vallejo y esposa			
Sr. y Sra. Jorge Campos T.			
Sra. Teresa Otero G.			

C. Entre amigos   Daniel and Antonio are roommates at the Universidad de Quito. Listen to their conversation and then circle the best response in the multiple-choice exercises below.

1. Al principio de su conversación, Antonio

   a. está de mal humor.
   b. tiene dolor de cabeza.
   c. quiere salir a un café.
   d. está ocupado y no quiere hablar.

2. Daniel invita a Antonio a

   a. estudiar en la biblioteca con él.
   b. ir a una fiesta en la casa de Catalina.
   c. salir a dar un paseo por el centro.
   d. tomar una cerveza con él y su amiga.

3. Antonio vio a Alicia

   a. en el bar "Los Pepinos".
   b. en la biblioteca con otro chico.
   c. en la clase de biología.
   d. con su amiga Catalina.

4. Daniel le aconseja a Antonio que

   a. no vuelva a salir con Alicia.
   b. llame por teléfono a Alejandro.
   c. siga a Catalina por todo el campus.
   d. hable con Alicia primero.

D. Se necesita empleado   In this morning radio program, listeners with employment opportunities are invited to call in and advertise them free of charge. As you listen to each caller, jot down in Spanish the job position that is available, the main qualifications needed, and the phone number to call for further information.

Trabajo	Requisitos	Teléfono
1.		
2.		
3.		
4.		

E. Chismes While chatting at a party, Laura and Pilar start gossiping *(chismear)* about some of the others in attendance. As you listen to their conversation, determine whom they are discussing and what the gossip is. Match the gossip to the corresponding person in the drawing by writing the number of each of the statements below or next to the picture of the person it describes.

1. Está divirtiéndose en la fiesta con otros hombres mientras su pobre esposo está en casa recuperándose de unas heridas.

2. Insultó a Laura en la fiesta.

3. Perdió su trabajo porque toma demasiado.

F.   La fiesta de los Peña   Imagine what happened at the Peña's party by listening to the dialogues that took place at the party and selecting the illustrations below that represent them. Write the letter that corresponds to the illustration in the spaces provided.

diálogo	ilustración
1	_____
2	_____
3	_____
4	_____

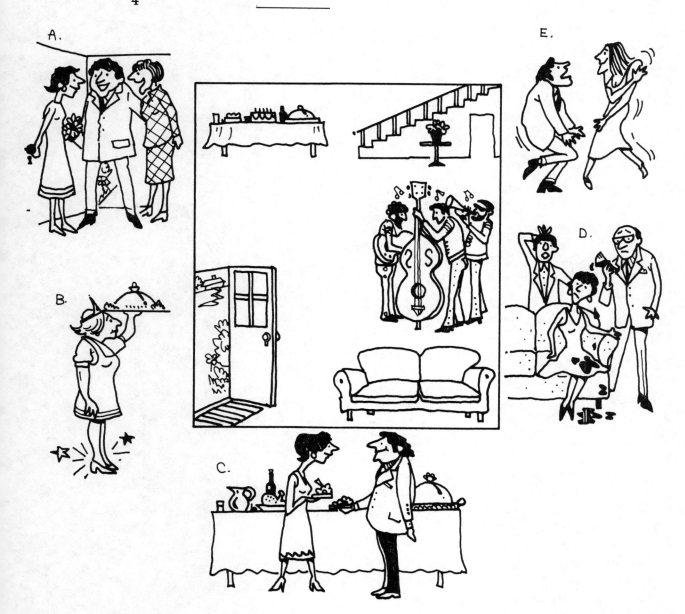

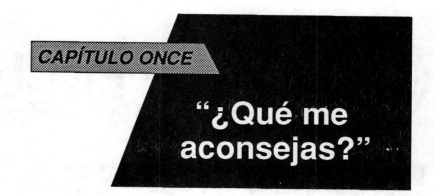

CAPÍTULO ONCE

"¿Qué me aconsejas?"

LEER

A. "Cosmo" La selección en la página 196 es una sección fija *(regular feature)* de la revista "Cosmopolitan" en español.

1. Lee el título y el subtítulo. ¿Para qué escribieron estas cartas los lectores *(readers)* de "Cosmopolitan"? Indica con una X las razones más probables.

   _____ a. to find employment

   _____ b. to request pen pals

   _____ c. to find possible marriage partners

   _____ d. to search for missing loved ones

2. En la pregunta anterior, las respuestas correctas son **b** y **c**. Ahora, piensa un poco. ¿Qué tipos de informaciones estarán incluídas en estos anuncios personales? **Antes** de leer los anuncios, indica con una X las informaciones que esperas encontrar. Luego, lee los anuncios e indica cuales informaciones encontraste.

Predicciones		Observaciones
Creo que voy a encontrar estas informaciones:		He encontrado en los anuncios estas informaciones:
_____	edad	_____
_____	estado civil	_____
_____	religión	_____
_____	dirección	_____
_____	número de teléfono	_____
_____	profesión	_____
_____	sueldo	_____
_____	apariencia personal	_____
_____	personalidad/carácter	_____
_____	pasatiempos/*hobbies*	_____
_____	otro:	_____
_____	_____	_____
_____	_____	_____

PUNTO DE ENCUENTRO
PARA MUJERES Y HOMBRES EN BUSCA DE AMISTAD, AMOR Y MATRIMONIO

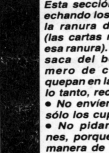

Esta sección se procesa echando los cupones por la ranura de un bombo (las cartas no caben por esa ranura). Cada mes, se saca del bombo el número de cupones que quepan en la sección. Por lo tanto, recuerden:
- *No envíen cartas, sino sólo los cupones.*
- *No pidan cancelaciones, porque no tenemos manera de recuperar los cupones que ya están dentro del bombo.*

ellas

■ **Taija Rantanen y Helen Clark.** Dos chicas de Finlandia: Taija (15 años, pelo rubio) y Helen (16 años, pelo castaño), ambas de ojos azules. Nos gustaría tener amigos por correspondencia, ¡de todo el mundo! Nos gustan: los videos musicales, la música disco, las colecciones. Si nos mandan fotos, contestaremos (en inglés).
Dirección de Taija:
Pihlavan Kirkkotie, 7 As. 13
28800 PORI 80,
Finlandia, Europa
Dirección de Helen:
Rinnekuja 4, 288000 PORI 80,
Finlandia, Europa

■ **Sonia Andrade Jara.** Ejecutiva de 29 años, soltera. Delgada. Me encantan el cine, la música moderna y la romántica, la lectura. Pero sobre todo me gustaría encontrar a un hombre agradable e inteligente para una relación estable.
Dirección: Aptdo. Aéreo 5125,
Guayaquil, Ecuador

■ **María Ester Espinoza Salazar.** Soltera, 23 años, católica. Profesión: turismo. Alta, delgada, atractiva y muy alegre. Me gustan: el teatro, la música, bailar y los deportes. Estoy interesada en tener más amigos y quizás llegar a una relación seria. Me gustaría formar una familia.
Dirección: Juárez Norte #16,
Petatlán, Guerrero, C.P. 40830, México

Graciela Hernández Mateos. Soltera, 27 años, médico cirujano. Quisiera que me escribieran personas de todo el mundo, (no importa edad, sexo ni religión) que se sientan solas como yo, para intercambiar ideas y sentimientos.
Dirección: Ave. 7 #30 e/c 1 y 2,
Córdoba, Veracruz, C.P. 94500, México

■ **María González.** Modelo profesional, soltera, 35 años. Mi vida ha sido muy solitaria y muy vacía. He conocido a pocos hombres, que no me han dado la felicidad pues sólo ven en mí a una chica bonita. Deseo casarme con un ejecutivo publicista de 36 a 40 años, atractivo, inteligente, sano y millonario. Me gustan la buena música, teatro, cine, cocinar y deportes.
Dirección: Blvd. Ordaz #135,
Col. Acapatzingo, Cuernavaca,
Morelos, México

ellos

■ **Johnny Bravo, Jr.** Divorciado, 46 años. Profesión: electrónica. Después de mi divorcio me siento muy solo. Soy delgado y aparento 40. Quisiera conocer a una mujer de 30 a 40 años, para tener una buena amistad y quizás casarme. Me gustan la música romántica, el teatro, la lectura.
Dirección: 19500 S.W. 115 Ave.,
Miami, FL 33157, EE.UU.

■ **Daniel Leyva Vento.** Estudiante soltero, 28 años. Desearía intercambiar ideas y conocimientos con nuevas amistades.
Dirección: P.O. Box 03994-131
Leavenworth,
Kansas 66048-1000, EE.UU.

■ **Cándido Sinfuentes.** Comerciante, 57 años, viudo, con hijos ya casados que viven independientemente. Trabajador, de buena salud, alto, trigueño, físico aceptable. Tengo casa propia y deseo correspondencia con dama soltera o viuda de 30 a 45 años, seria y libre (no muy gorda).
Dirección: Apartado Aéreo No. 292
Medellín, Colombia

■ **Juan Manuel López Padilla.** Médico estomatólogo, 35 años, divorciado. Soy alegre, sincero, honrado, perfeccionista. Me gustan la lectura, el cine, el teatro, la música. Me gustaría encontrar a alguien y tener una amistad muy bonita y para toda la vida. Soy del signo de Virgo.
Dirección: Edificio Montes de Oca.
Despacho 18,
León, Guanajuato, C.P. 37000, México

■ **Ignacio A. Andrade.** Soltero, 28 años, empleado. Soy serio, decente, no tengo vicios (no fumo ni bebo), moreno claro, delgado, signo Capricornio. Soy romántico y busco (con fines matrimoniales) una chica de 17 a 22 años, blanca, más o menos bonita, estatura mediana; católica, sincera, cariñosa, apasionada, seriecita pero alegre a la vez; la posición económica no importa; que sea de cualquier país de Centro o Sur América y desee vivir en los EE.UU. ¡Escríbeme!
Dirección: 2156 National Ave.,
San Diego, CA 92113, EE.UU.

PARA CONTESTAR UN ANUNCIO, ESCRIBELE DIRECTAMENTE A ESA PERSONA A SU DIRECCION.

ANUNCIO PERSONAL

NOMBRE...

DIRECCION ....

CIUDAD... PAIS ————————————

ESTADO CIVIL...................... PROFESION .... EDAD....

TU MENSAJE: ....

....

....

....

....

Envía tu cupón a: PUNTO DE ENCUENTRO, COSMOPOLITAN, 6355 N.W. 36ᵗʰ Street, Virginia Gardens, FL 33166, EE.UU.

3. ¿Cuáles son las personas descritas abajo? Escribe sus nombres y apellidos al lado de su descripción.

_____ a. a woman who is tired of being just another pretty face

_____ b. a physician who would like to correspond with other lonely people

_____ c. a widower who would like to meet a responsible, unattached woman

_____ d. an idealistic student who loves the outdoors

_____ e. a single Catholic woman who would like to marry and have children

4. Completa el formulario al pie *(at the bottom)* de la página 196. Además de tus datos personales, tienes que escribir tu propio mensaje de "amistad, amor o matrimonio."

B. El psicólogo habla A veces todos tenemos problemas muy difíciles de resolver. En este artículo, vas a leer los consejos del autor-psicólogo Eliot Weiner.

si no encuentras solución a tu problema

Prueba el sistema que recomienda el sicólogo Eñot Weiner en su libro *El complejo de la avestruz*:

• Imagina que ese mismo problema le está ocurriendo a alguna persona a quien tú admires mucho. ¿Qué haría esa persona, si tuviese ese problema? Seguramente esto te sugerirá una solución.

• Si el problema es por una discusión o una ofensa que te hayan hecho, invierte la situación y dile a esa persona: "Déjame enseñarte cómo me sonó lo que me dijiste" y repítele sus palabras en el tono en que te las dijo. Probablemente comprenderá enseguida que te ha ofendido y se resolverá el problema.

• Dedícale una hora fija cada día a estudiar el problema. Después, apártalo de tu mente hasta el día siguiente. Un día de éstos, se te ocurrirá la solución.

1. Lee el artículo y luego indica con una X las tres sugerencias de Weiner:

_____ a. Set aside a certain amount of time each day to consider your problem. Eventually a solution will come to you.

_____ b. Consult a psychologist, preferably one with experience in problem-solving, to help you search for solutions.

_____ c. Think of a person you respect and admire; try to imagine what that person might do in your place.

_____ d. Brainstorm until you have thought of at least three ways to handle your problem; then make a list of the pros and cons of each solution to help you find the best one.

_____ e. If you feel hurt or offended by someone's remarks, write that person a letter telling him/her exactly how you feel; then tear up the letter and throw it away. This procedure will help you vent your feelings without making an already bad situation even worse.

_____ f. Give the person who has offended you a chance to hear exactly how his/her words sounded to you; chances are that the offending party will immediately recognize his or her error.

2. Ahora, vamos a examinar algunos elementos lingüísticos del artículo. Busca las siguientes palabras y expresiones en la selección y escríbelas aquí. *(The page numbers in parentheses refer to the sections in Entradas that you may wish to consult for further explanation.)*

a. five cognates

_____

b. five informal commands (p. 223)

_____

c. three verbs in the future tense (p. 330)

_____

d. a sentence that states a hypothetical circumstance (p. 354)

_____

e. a phrase using the subjunctive that refers to an indefinite person or thing (p. 384)

_____

C. Las preferencias   Dale un vistazo *(skim)* al artículo en la página 199 y contesta las preguntas siguientes y las de la página 200.

1. Este artículo se trata de...
   a. el matrimonio
   b. la pasión
   c. la amistad

2. Un título apropiado para este artículo es . . .
   a. EL AMOR: ¡CÓMO SALVAR LA RELACIÓN!
   b. EL AMOR: ¡CÓMO LO VE EL HOMBRE Y CÓMO LO VE LA MUJER!
   c. EL AMOR: ¡CÓMO ENTENDER A LOS HOMBRES!

Ahora **lee** el artículo y contesta las preguntas en español.

3. Haz una lista de los seis estilos de amar que existen. _____

   _____

   _____

4. Según los expertos, ¿cuáles prefieren las mujeres? _____

   _____

5. ¿Cuáles prefieren los hombres? _____

6. ¿Qué es necesario en una relación para remediar las diferencias entre los estilos?_____

   _____

CIERTO O FALSO

7. _____ La persona que considera el amor como un "reto" siempre tiene que triunfar.

8. _____ Uno que es "generoso" en el amor quiere complacer a su amado.

9. _____ Para el "romántico" el amor es algo espontáneo.

10. _____ Los que aman como "buenos amigos" con frecuencia tienen los mismos intereses que sus amantes.

11. _____ Un "amante lógico" se enamora a primera vista fácilmente.

12. _____ Los "posesivos" sienten un amor verdadero.

UN VISTAZO GENERAL

Según expertos en los asuntos del corazón, existen seis estilos amatorios que exhiben las personas cuando aman. Aquí están:

1 Aquéllos que además de amantes, son **buenos amigos.** Ellos comparten gustos, aficiones, sueños... sin perder la individualidad. Esta clase de amor casi siempre "sorprende" a la pareja, quienes vivían "sólo una amistad".

2 Los que ven el amor como un **reto** o un juego que deben ganar. Están de acuerdo en que muchas veces se sienten tan estimulados por sus sentimientos, que les cuesta trabajo dormir.

3 **Los lógicos** creen que lo indicado es planear cada paso que se da en la vida cuidadosamente, y buscan la pareja perfecta: aquélla que se amolde a su idea del cónyuge ideal (aunque no exista el enamoramiento "loco" que marca el inicio de casi todas las relaciones).

4 **Los posesivos** son celosos, inconstantes. Ellos admiten que se recuperen rápidamente de la pérdida de un amor. Y es que sus sentimientos, aunque "ruidosos", no suelen ser muy profundos; se basan más que nada en un "test" de sus poderes de seducción y de su capacidad de retener a la persona que se "conquistó".

5 El estilo **romántico** es característico de las almas soñadoras que viven enamoradas del amor. Creen en el amor a primera vista y a veces se les oye suspirar: "Al primer contacto con su mano, supe que era mi alma gemela".

6 Los amantes **"generosos"** están dispuestos a sacrificarse por el ser amado. Ceden, conceden, se "rinden" gustosos para que "gane" su pareja.

Aunque cada persona exhibe una mezcla de estas características, se opina que las mujeres tienden a amar en estos estilos:
● Buenos amigos
● Lógico
● Posesivo

Los hombres:
● Reto
● Romántico

¿Cómo se reconcilian estas diferencias? Aceptando el estilo propio y **el de la pareja,** teniendo la flexibilidad de adaptarse a la otra persona y encontrarse a mitad del camino. Aquél que trate de cambiar a su pareja, encontrará resistencia y frustración. Lo indicado es tener flexibilidad... y permitir a la otra persona que sea ella misma.

ALGUNAS OPINIONES DE ELLOS Y ELLAS

Hemos hecho referencia a varias encuestas; pues bien: ha llegado el momento de permitirle a algunas personas que expresen sus opiniones. Aquí tienes las más representativas del pensar masculino y femenino. ¿Lista...?

ASI VEN EL ROMANCE

Alberto, 23 años: "No creo en el romance de cartas y flores, porque está pasado de moda; para mí, el verdadero romance está en la realidad, en vivir día a día el amor con sus cosas bellas y sus problemas".

Rosa, 20 años: "La mujer necesita sentirse amada y esto el hombre a veces no lo entiende. El cree que, porque está con ella, ya esto debe decirle que él la ama. Nosotras necesitamos el romance; no sé describirlo en general, porque para cada cual significa algo diferente. Para mí, está en los detalles".

Julián, 18 años: "El ser humano es romántico por naturaleza; a todos nos conmueven las cosas bellas, pero creo que el hombre es más práctico que la mujer y dice 'Te quiero' de otra forma. Quizás una mujer espera rosas de su marido, pero él le demuestra su amor comprándole una lavadora de platos... y ella lo ve todo tan prosaico. Creo que el hombre debe tratar de entender las necesidades femeninas y la mujer debe entender la forma de expresarse del hombre".

Berta, 22 años: "Me considero una persona práctica, pero confieso que me 'derrito' ante los detalles sentimentales. Creo que podría vivir sin ellos, si me siento amada por mi pareja... pero es indudable que hacen la vida más agradable".

13. ¿A qué estilo de amar pertenecen...?

	estilo	justificación
a. Alberto	_____	_____
b. Rosa	_____	_____
c. Julián	_____	_____
d. Berta	_____	_____
e. tú	_____	_____

ESCRIBIR

Primera etapa

A. Para obtener empleo You have just applied for a job at an international company. The head of personnel has asked you to send him a list of the courses you took during your last year of college along with the grade you received for each course. Use the information in the transcript below to write a letter in which you explain why you would be a good employee. Address your letter to:

Sr. Manuel Santiago
UNISYS
Avenida de las Américas, #1200
Buenos Aires, Argentina

Universidad Politécnica Nacional
semestre de otoño

asignatura	calificación
Inglés	Notable
Mercadeo	Sobresaliente
Relaciones Laborales	Sobresaliente
Economía II	Notable
Finanzas I	Aprobado
Estadística II	Aprobado

semestre de primavera

asignatura	calificación
Español	Notable
Administración de Negocios	Sobresaliente
Mercadeo Internacional	Sobresaliente
Contabilidad	Aprobado
Finanzas II	Aprobado
Sistemas de Información	Notable

B. Las dedicatorias.   Es la última semana de clases y todos los estudiantes están cambiando dedicatorias en sus anuarios *(yearbooks)*. Aquí y en la página 202 tienes varias dedicatorias; tienes que completar cada una con una frase superlativa apropiada. Por ejemplo, para una chica muy amable y bondadosa, podrías escribir: "la chica más simpática de nuestra clase". Después de terminar éstas, escribe dedicatorias originales para dos de tus compañeros de clase.

Querida Lolita,
¡Eres _____
_____!
Nunca me olvidaré de ese último
partido de basquetbol en que
marcaste 15 canastas.
¡Increíble! ¡Que tengas mucha
suerte!
Un abrazo de tu amigo y aficionado,
Silvestre

Para mi amigo Eduardo,_____

Con todas tus notas sobre-
salientes, estoy segura de
que vas a tener mucho
éxito en la vida. Te deseo mucha
felicidad.
Con cariño de
        Emilia

A mi querida amiga Sofía,_____

Hemos compartido tantos sueños
y tantos secretos; siempre me
acordaré de ti y de nuestra
amistad. ¡Que todo te vaya
muy bien!
Con un fuerte abrazo de tu
amiga,
        Beatriz

Para mi admirable compañero
Fernando,_____. ¡Tu eres un hombre
de verdad! Una vez más Te doy
las gracias por salvarme la
vida cuando me atacó ese
perro rábido.
Con toda mi gratitud,
        Elvira

A Oswaldo,_____

Tú siempre te creíste un gran
bromista, pero en realidad tus
bromas pesadas no le gustaron
a nadie. Espero que un día
aprendas a tomar la vida más
en serio.
Tu compañera de clase,
        Luisa

Para_____

Para_____

202   Capítulo once

C. El futuro y el pasado   Josefina and her grandmother are comparing the most memorable events of their lives. Josefina is looking toward the future, and her grandmother is remembering the past. Use the drawings below to reconstruct their ideas and to complete the sentences according to the model.

Josefina...   La abuela...

Modelo:

Mis padres me van a regalar un carro   Mis padres me iban a regalar un piano

tan pronto como ___*tenga*___   tan pronto como ___*celebrara mi*___

___*dieciséis años.*___   ___*cumpleaños de dieciséis.*___

1. Me casaré después de que   **1.** Pensaba trabajar después de que

_____   _____

_____   _____

_____   _____

2. Voy a trabajar hasta que   **2.** Quería trabajar hasta que

_____   _____

_____   _____

_____   _____

3. Quiero ir a Europa con mi esposo cuando mi hijo

_____

_____

_____

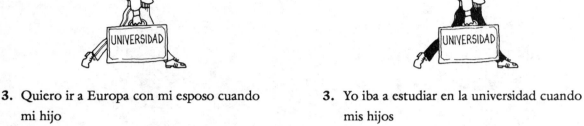

3. Yo iba a estudiar en la universidad cuando mis hijos

_____

_____

_____

Segunda etapa

A. ¡Bienvenidos a nuestra Universidad!   Tu universidad ha decidido lanzar una campaña publicitaria para atraer a más estudiantes internacionales. Tú tienes la responsabilidad de escribir un folleto informativo *(brochure)* en español para tu Facultad. En el folleto que sigue, debes incluir informaciones como éstas:

- el nombre de tu Facultad y de su decano
- las carreras y especializaciones que se ofrecen en tu Facultad
- los programas más destacados ("famosos") de tu Facultad, y una breve descripción de ellos
- atracciones o servicios especiales para el estudiante internacional (por ejemplo: becas, consejeros especiales, clases de inglés, residencias)
- a quién dirigirse para más información

LA UNIVERSIDAD
DE _____

Los estudiantes y el profesorado de la Facultad de _____

_____ ,

junto con nuestro decano _____

_____, quisiéramos darle a

Ud. la bienvenida e invitarle, mediante este pequeño folleto, a informarse sobre algunas de las maravillosas oportunidades que le esperan en nuestra Universidad.

Aquí en nuestra Facultad, Ud. gozará de
una amplia variedad de programas
académicos.

_____

_____

_____

_____

_____

Entre algunos de nuestros programas
más destacados, Ud. encontrará …

_____

_____

_____

_____

_____

_____

_____

¿Quiere Ud. informarse más sobre
nuestra Facultad?

_____

_____

_____

_____

En nuestra Universidad, Ud.—el estudiante internacional—es alguien muy
especial. Ofrecemos varios servicios que
le ayudarán a tener éxito en la vida
académica y social de nuestra ciudad
universitaria._____

_____

_____

B. ¿Quién asesinó a Claudia Reyes?   You are a reporter for the newspaper *El Universal* published in
Mexico City. The editor asks you to use an artist's rendition of a famous murder trial to summarize the high-
lights of the trial. A wealthy socialite, Claudia Reyes, was found murdered and her mailman, Ernesto Padilla,
has been charged with the murder. However, he has an alibi and the socialite's husband, Arturo Reyes, is
accused by the maid, Dulce Ramos. Be sure to establish a motive for the murder and supply a verdict with a
justification. The following verbs may be helpful: *acusar, asesinar, confesar* and *declarar*.

Claudia Reyes

Arturo Reyes

Dulce Ramos

Ernesto Padilla

El alguacil declaró que...

C. Yo te aconsejo   Un amigo (o una amiga) tuyo/-a de Colombia piensa marticularse en tu universidad el año que viene. Escríbele una carta en que le explicas qué debe hacer para tener éxito durante su primer año en la universidad. En la carta, haz lo siguiente:

1. Dale tus consejos sobre dos o tres de estos temas:
- cómo escoger una especialización
- cómo salir bien en sus clases
- cómo informarse sobre becas
- cómo llevarse bien con su compañero/-a de cuarto
- cómo conocer a la gente

2. Usa por lo menos cuatro de estas expresiones:
- cuando
- antes de que
- después de que
- en caso de que
- para que
- a menos que
- tan pronto como
- con tal de que

Querido/-a _____,

¡Cuánto me alegro de que hayas decidido por fin venir aquí a estudia! Seguro que te va a gustar.

En tu última carta, me pediste que te diera unos consejos prácticos. Bueno, primero...

_____
_____
_____
_____
_____
_____
_____
_____
_____
_____
_____

Espero que estos consejos te ayuden. No dejes de escribir si tienes más preguntas. ¡Hasta muy pronto!

Un abrazo,

_____

A. En la agencia de empleos Salinas   Usa los verbos apropiados para describir lo que ocurre en la agencia de empleos Salinas.

dormir/dormirse

quitar/quitarse

poner/ponerse

probar/probarse

volver/volverse (loco/-a)

ir/irse

_____

_____

_____

_____

_____

_____

_____

_____

_____

_____

_____

_____

_____

_____

_____

B. Más cartas a Clarín.   Durante todo el año los estudiantes de la clase de español te han pedido consejos para ayudarles con sus problemas. Aquí tienes las últimas cartas del año. Escribe las respuestas para el último número del periódico.

Querido Clarín,

Me encuentro en una situación intolerable. Estoy tan furiosa ahora que casi no puedo escribir. Imagínate lo que me pasó. Hace unos siete meses que una compañera de clase y yo estudiamos nuestras lecciones de español las dos juntas. Como ella estaba un poco más floja que yo en el tema, yo siempre la ayudaba. Bueno, durante el último examen de español, me di cuenta de que ella estaba haciendo trampas. Es peor, resulta que ¡copiaba de mi papel! Yo estaba tan sorprendida por su comportamiento que en ese momento no sabía ni qué decir ni qué hacer. Creo que ella se ha aprovechado de mí. ¿Qué harías tú en mi lugar?

"Desilusionada"

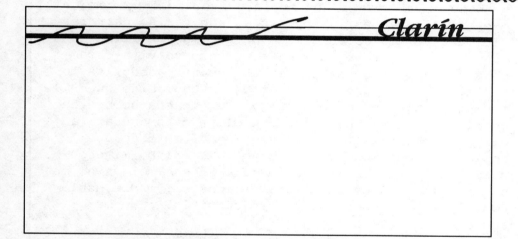

Querido Clarín,

Estoy desesperada. Espero que tú me puedas ayudar antes de que me vuelva loca.

Al principio de este año escolar, conocí a un joven de un país africano. El chico me cayó bien, y empezamos a salir. Ahora estoy locamente enamorada de él, y él, efectivamente, me ama. Quiere que nos casemos, pero el problema es lo siguiente: él insiste en que vayamos a África para vivir. Yo, francamente, quiero quedarme aquí. Así que tengo este dilema: si me quedo aquí, lo perderé a él para siempre; si me caso con él, tendré que abandonar todo lo que conozco—incluso a mi familia, a mis amigos y mi carrera. Estoy como paralizada; no puedo tomar una decisión. Por favor, ¿qué debo hacer?

"Angustiada"

Querido Clarín,
    Este es mi primer año en la universidad y, como
muchos estudiantes, estoy explorando varias carreras.
Últimamente, la especialización que más me llama la
atención es historia del arte. Cuando volví a casa
para ver a mis padres el fin de semana pasado, se lo
expliqué a mi padre y él se enojó mucho. Dijo que
siempre había soñado con que yo me hiciera hombre de
negocios como él, para que, un día, yo le ayudara a
dirigir su empresa. Al día siguiente, me dijo que lo
había pensado mucho y que si yo no cambiaba mi especialización a administración de empresas, él ya no me
pagaría los gastos de la universidad. Mi madre habló
con él también, pero no pudo disuadirlo. ¿Qué me
sugieres?

                                        Freddy

ESCUCHAR

A. El futuro de Armando   Before you listen to the argument that Armando has with his parents about his future plans, read the list of possible topics of discussion. Then, as you listen to the discussion for the first time, draw an arrow to the party who mentions the topic (<— —>).

1. Los señores Morales   **Armando**

size
lodging
cost
tradition
location
scholarships
specific course offerings
distractions
accepting responsibility

2. Why are they arguing? _____
_____
_____

3. Listen to the exchange between Armando and his parents again and circle three points that Armando makes to support his argument.

a. La Universidad Central ofrece más cursos de medicina.
b. Su tía Lupe vive cerca de la universidad.
c. Los estudiantes son más serios.
d. Es posible que reciba ayuda económica.
e. Los profesores son muy buenos.

B. "Para mañana,..."   You are in an intermediate Spanish class with Professor Martínez. Listen as he advises the class about upcoming assignments and tests and as he makes announcements about events of interest to Spanish students. In the spaces below, take notes in Spanish that would help you remember the essential information about each item. The questions will help you focus on the key facts to listen for.

1. (When is the test? What will it cover? How should you prepare? How will the score be figured into your final grade?)_____
_____
_____
_____

2. (What is the homework assignment? When is it due? What should you do to gather sufficient information for the task?) _____
_____
_____
_____

3. (What is the special opportunity? Who is eligible? How can you get more information?) _____
_____
_____
_____

C. ¡Así es la vida!   You will hear a series of conversations between two people. In each one, one person will present a well-organized argument to try to convince the other about what he/she should do or should not do. The pictures represent different points the person will make as he/she presents his/her case. Number the pictures in the same order as they are presented in the argument. Not all the pictures will be used in every case.

1. ¿Qué dice la madre de Cecilia?

2. ¿Qué piensa Fernando de su nuevo trabajo?

3. ¿Qué le dice Ángeles a su amigo Luis?

_____   _____

_____   _____

D. Cómo presentar un aspecto profesional   You have just been hired by a consulting firm that specializes in changing the image of individuals. Your job is to record the information the specialist tells the client so you can keep the information for your files. Listen to the advice the specialist gives on wardrobe and the application of make-up and record the information in Spanish in the spaces provided. You will hear the advice of the specialist twice.

1. Note the recommendations for:

    a. los colores _____

    _____

    b. la ropa _____

    _____

    c. los zapatos _____

    _____

2. Fill in the blanks below. Then go to page 214 label the diagram of the face with the cosmetics mentioned and draw a line to that part of the face where the make-up should be applied.

    a. Antes de maquillarse _____

    b. Aplique _____ de un color _____.

    c. Después debe ponerse _____

    d. Entonces, puede ponerse un poco de _____

    e. Para acentuar los ojos use _____, _____ y _____.

    f. Para terminar el proceso debe usar _____ de color _____.

F. Las vicisitudes de la vida   Listen to the excerpts of soap operas in which a moral dilemma is presented. For each excerpt (a) identify the dilemma in Spanish, (b) list possible alternatives available to the characters and (c) complete the sentences with the course of action you recommend. You may have to listen to the excerpts several times. Don't forget to record your information in Spanish and justify your recommendations!

1. Dos amigas van de compras.
   a. ¿Cuál es el dilema de Marisol? _____
   b. ¿Cuáles son algunas alternativas? _____
   c. Creo que sería mejor si Marisol _____
   _____

2. Gustavo aconseja a Liliana.
   a. ¿Cuál es el dilema de Liliana? _____
   b. ¿Cuáles son algunas alternativas? _____
   c. Le sugiero a Liliana que _____
   _____

3. Jorge y Graciela, por la noche…
   a. ¿Cuál es el dilema de Jorge y Graciela? _____
   b. ¿Cuáles son algunas alternativas? _____
   c. Les recomiendo a Jorge y a Graciela que _____
   _____

4. Humberto y su criada *(maid)*, Matilde.
   a. ¿Cuál es el dilema de Humberto? _____
   b. ¿Cuáles son algunas alternativas? _____
   c. Si yo fuera Humberto, _____
   _____

CAPÍTULO DOCE

¡Hasta pronto!

LEER

A. Tú juzgas   Una de las secciones más populares de la revista *TU Internacional* es la sección "Tú juzgas." En esta sección se presenta un dilema o una cuestión controversial, y se invita a los lectores *(readers)* a escribir cartas con sus opiniones. En las páginas 216-217 tienes una selección sobre un dilema familiar.

1. Lee el título y los subtítulos de cada parte de este artículo. Luego, contesta estas preguntas:

   a. ¿Cuál es la relación entre Elena y Rafael? Indica tu respuesta con una X.

   _____ amigos

   _____ novios

   _____ ex-novios

   _____ un matrimonio

   b. ¿Cuál es el conflicto? Indica tu respuesta con una X.

   _____ *Rafael wants to marry Elena but he cannot convince her parents to give the couple their blessings.*

   _____ *Although Elena has broken up with Rafael, he continues to harass her and her family with threatening phone calls.*

   _____ *Elena's family thinks she is spending too much time and money on her long-distance relationship with Rafael.*

   c. ¿Quién diría cada una de estas frases? Escribe el nombre de la persona correspondiente en el espacio: el padre de Elena, la madre de Elena, Elena, Rafael.

   _____ —Estas llamadas a larga distancia cuestan demasiado.

   _____ —Tenemos que hablar por teléfono para continuar nuestra relación.

   _____ —Es imposible mantener una relación amorosa por teléfono.

   _____ —Su familia no comprende que, en mi situación actual, no puedo pagar las llamadas.

2. Ahora, lee el artículo por completo y decide si estas frases son ciertas (C) o falsas (F).

   _____ a. Rafael pasa el año académico en otra ciudad.

   _____ b. Rafael y Elena se hablan por teléfono todos los días.

   _____ c. La familia de Elena es muy cooperativa con la situación difícil de los novios.

   _____ d. El padre piensa que es preferible que Elena trabaje para poder pagar las llamadas telefónicas.

   _____ e. A Rafael le gustaría poder pagar la cuenta telefónica.

   _____ f. Rafael trabaja para pagar su matrícula en la universidad.

   _____ g. La madre piensa que Rafael y Elena no son novios verdaderos a causa de la larga distancia entre ellos.

   _____ h. Según la madre, sería mejor que los dos jóvenes salieran con otras personas.

TÚ juzgas

EL AMOR POR
TELEFONO...
¿FUNCIONA?

Elena y Rafael viven separados...su único medio de comunicación: el teléfono. Pero su familia se opone a ese romance a larga distancia. Cada cual tiene un motivo particular—y poderoso— para pedirle a la chica que...¡cuelgue! Decide tú quién tiene la razón en este conflicto.

PRIMER TESTIGO: ELENA. "TENGO QUE MANTENER VIVO EL AMOR"

"Mi novio está fuera de la ciudad ocho meses del año. Es una separación muy dolorosa, porque nos queremos mucho; nos conocemos desde que éramos niños. Pero los dos comprendemos que este sacrificio nos premiará en el futuro: Rafael podrá obtener un excelente empleo, si se gradúa en una buena universidad.

Mi noviazgo es estable, es bonito. Nos hablamos por teléfono un día sí y otro no, para mantenernos 'unidos' emocionalmente. Para Rafi la situación es más dura; está solo en una ciudad extraña. Hablar conmigo lo 'acerca' a todo lo que él quiere y conoce; contarme sus cosas—lo bueno y lo malo—lo ayuda a aliviar tensiones y nos acerca sentimentalmente. Tengo que mantener vivo el amor y mi único recurso es el teléfono.

Mis padres y mi hermano no entienden mi situación y me hacen la vida imposible. Siento mucha tensión en casa, porque mi 'noviazgo telefónico' les molesta, les 'choca'. ¡Continuamente discutimos! Mamá no aprueba mi relación a larga distancia, papá se queja de la cuenta de teléfono y se molesta cuando estoy hablando y él necesita usar el aparato. Mi hermano...¡ni se diga!"

ELENA ACUSA A SUS PADRES DE: INCOMPRENSION; A SU HERMANO DE FALTA DE COOPERACION

SEGUNDO TESTIGO: EL PADRE. "LA CUENTA DE TELEFONO ES... ¡KILOMETRICA!

"Elena me acusa de insensible, quizás la insensible es ella. Mi hija habla con su novio por teléfono cuatro veces a la semana...y las llamadas no son para preguntar '¿cómo estás?'. '¿Todo anda bien?'. ¡No! Elena y Rafael platican durante horas y horas. Yo no soy un hombre rico; vivimos cómodamente, pero tenemos limitaciones económicas, como toda familia promedio. Las cuentas telefónicas de mi hija son kilométricas. Cuando discutimos por este asunto, ella dice que quiere trabajar para poder costear su 'noviazgo por teléfono', pero quiero que se dedique por entero a sus estudios. ¡No voy a permitir que arruine su futuro por hablar con un chico por teléfono!"

EL PADRE ACUSA A ELENA DE: DESCONSIDERADA EN EL PLANO ECONOMICO

TERCER TESTIGO: RAFAEL. "EN ESTOS MOMENTOS, SOY YO QUIEN NECESITA AYUDA"

"Elena me ha contado lo que piensa su papá: que yo debo costear las llamadas. Y tiene razón. Pero la lógica no tiene que ver con los sentimientos y, a nivel humano, ese señor debía entender que en estos momentos, soy yo quien necesita ayuda. ¡No puedo estudiar y trabajar a la vez! Mis padres me ayudan económicamente, pero con eso no me alcanza para vivir y llamar a Elena.

Si ese señor **de veras** respetara nuestro compromiso y quisiera ayudarnos, no crearía tanta tensión con el asunto del dinero, seamos honestos: unas llamadas telefónicas no arruinan a una familia que está 'bien' económicamente. Quizás, en el fondo, no le gusto para su hija y utiliza esa excusa para poder separarnos".

RAFAEL ACUSA AL PADRE DE ELENA DE: INCOMPRENSION, INSENSIBILIDAD, SABOTAJE (QUIZAS A NIVEL INCONSCIENTE)

LA MADRE ACUSA A ELENA DE: VIVIR UNA RELACION FALSA, DE ENGAÑARSE CON UNA ILUSION

CUARTO TESTIGO: LA MADRE DE ELENA. "CREO QUE MI HIJA PIERDE EL TIEMPO…"

"Soy una mujer madura, ya llevo 18 años de matrimonio y sé lo que significa—¡lo que cuesta!—mantener una relación amorosa **en la realidad**. Digo abiertamente que, en principio, estoy en contra del 'noviazgo telefónico' de mi hija; creo firmemente que ese tipo de relación no funciona. Lo que sucede es que creo que mi hija pierde el tiempo.

¿Por qué lo digo? Básicamente, porque Elena dice que es 'novia' de Rafael, pero eso no es un noviazgo verdadero, se hablan, dicen que comunican…pero no **viven** la relación día a día. Uno aprende a conocer a la otra persona—y a sí mismo—a través del contacto diario, de chocar en muchas cosas y aprender a hacer ajustes para evitar esos choques, precisamente. Eso que tienen Elena y Rafael es una bonita ilusión…

Para mí, lo correcto es disolver ese noviazgo y, por el momento, dejarlo en amistad. No estoy en contra de que se hablen por teléfono o se carteen, **sino de que se limiten**. Lo sano es que Elena salga con otros muchachos, los conozca y decida si de verdad ama a Rafael; encerrarse en vida esperando por un muchacho al que, por estar lejos de ella, no conoce realmente, es totalmente absurdo. Rafael también debe tratar a otras chicas, para así estar seguro de su 'amor' por Elena".

3. ¡Tú juzgas! ¿Quién tiene razón en este caso? ¿Cómo solucionarías tú este conflicto? ¿Qué debería hacer Elena? Escribe aquí tus ideas en español: ¿Qué harías tú en esta situación?

_____
_____
_____
_____

B. Antes de ir a la Ciudad de México   El artículo en la página 218 está lleno de recomendaciones para los que están considerando hacer un viaje a la Ciudad de México. Antes de leer el artículo y contestar las preguntas, completa el siguiente ejercicio, que continúa en la página 219, en inglés.

1. The prefix *re-* is used in Spanish to indicate repetition (*rehacer* - to redo) intensity (*reasegurar* - to reinsure) or a step backwards (*recaer* - to relapse). First give the English equivalent of the following Spanish root words and then the same words with the prefix.

considerar - _____

crear - _____

Entre los edificios que circundan el Zócalo (la segunda plaza mayor del mundo) se destaca la majestuosa Catedral, la más antigua de América Latina (1524).

CIUDAD MÉXICO

VACACIONES PERFECTAS

ARQUEOLOGIA, HISTORIA, ARTE, DIVERSIONES, BUENOS HOTELES Y RESTAURANTES, JOYAS, ARTESANIAS... Y PRECIOS ¡MAS QUE RAZONABLES!

Por Mari Rodríguez Ichaso

Recientemente volví a México. Fue un viaje en que llevé a mi hija de doce años Mari-Claudia, y de cierta forma una especie de "peregrinación" al pasado. Un revisitar la ciudad donde viví años atrás, mirándola esta vez a través de "ojos nuevos", y —por lo tanto— un recorrido maravilloso "de turista", que nos hizo pasar ratos encantadores.

Cada vez que recorro las calles del México colonial, me maravillo ante tantos tesoros; y cada vez que visito una tienda o un mercado de artesanías, me vuelvo a asombrar con las cosas tan bellas y originales que para el extranjero resultan únicas, aunque para los propios mexicanos a veces pasan inadvertidas... Esto —y el cambio muy favorable al dólar— hace de Ciudad México un sitio ideal donde pasar unas vacaciones completísimas. Hoy les voy a sugerir un recorrido que considero el ideal para la ciudad de México.

DIA 1o.: El primer día es de orientación, y lo primero que deben hacer es tomar un

El Paseo de la Reforma y, en primer plano el simbólico "Angel".

taxi (si el taxi no tiene metro, pregunte el precio de antemano) que los deje en pleno Zócalo (la 2a. plaza mayor del mundo, después de la Plaza Roja de Moscú), y visiten ante todo la majestuosa Catedral, cuyos primeros orígenes datan de 1524 y es bellísima, además de ser la más antigua del continente americano. Dentro del templo, a la derecha, fíjense que se está hundiendo en ciertas partes y se nota el desnivel de manera impresionante. No dejen de contemplar el altar del muy reverenciado Cristo Negro. Después de visitarla, a la salida, vayan hacia la izquierda y visiten el Templo Mayor, donde se encuentran las ruinas de lo que fue la original ciudad de Tenochtitlán (¡un viaje arqueológico extraordinario!) más tarde el Palacio Nacional (con la campana de Dolores en su fachada, la que el cura Hidalgo tocó al comienzo de la lucha por la independencia); el Monte de Piedad y el bello edificio de azulejos donde están ahora las oficinas del Dpto. del Distrito Federal... Todos estos edificios coloniales flanquean la ma-

ravillosa y enorme Plaza de la Constitución o Zócalo; y al terminar esta visita, que puede tomarles 2 ó 3 horas en la mañana, lo ideal es subir al *roof* del hotel "Majestic" (entrada por la calle Madero) para almorzar en la terraza, con una vista divina del Zócalo.

HOTELES
En Ciudad México hay hoteles maravillosos y a todos precios. Aunque en este viaje me quedé en el lujoso y bellísimo "Camino Real" (auténticamente mexicano, muy elegante, cómodo y con una alberca divina), en la misma categoría tenemos el "María Isabel Sheraton"; y el "Nikko México"; además de los también lujosos "Presidente Chapultepec"; "Galería Plaza" y el "Holiday Inn Crowne Plaza". ¿Más moderados en precio? "Aristos", "Galinda Geneve", "Krystal"; y en el centro los bellísimos "Gran Hotel de la Ciudad de México" y el hotel "Majestic". El precio varía enormemente, y deben confrontar los *packages* que ofrecen ellos y las diferentes líneas aéreas que viajan a México; pero para darles una idea: el "Gran Hotel de la Ciudad de México", 4 estrellas, cuesta 98.000 pesos diarios por un doble (44 dólares al cambio de 2.260 pesos por 1 dólar) y 119.000 por una *suite* con vista al Zócalo (unos 53 dólares). En un hotel de lujo, como el "Camino Real" el doble cuesta de 95 a 110 dólares.

RESTAURANTES
En una cafetería estilo VIPS (modernas) un desayuno americano puede costar entre 7 y 10 dólares para 2 personas; y un almuerzo en el *roof* del "Majestic" puede costar entre 25 y 40 dólares por 2 personas... y aún menos si prueban el "Menú Turístico", a 5 dólares por persona.

PRECIOS DE ARTESANIAS
En el centro de compras "Buenavista", una bata mexicana bordada puede costar alrededor de 15 dólares; una blusa bordada unos 5; divinos rebozos entre 3 y 20 dólares; brazaletes de plata entre 16 y 50; perfumador de plata, 5 dólares; vajilla de cerámica pintada a mano, para 8 personas, alrededor de 160 dólares; candelabros de yeso pintados, de 3 a 20 cada uno (de acuerdo con el tamaño); nacimientos de 7 a 20; cucharitas de café, de plata, unos 5 dólares cada una; marquitos de plata de unos 30 dólares en adelante... ¡Y menos si regatean y pagan en efectivo!

aparecer - _____

abrir - _____

reconsiderar - _____

recrear - _____

reaparecer - _____

reabrir - _____

2. What does the author mean when she says this trip was *un revisitar a la ciudad?* _____
_____

3. The verb *correr* has many meanings in Spanish; the most familiar is "to run." However, others include "to walk about," "to travel," and "to go over or through." The author uses a form of *correr* with the prefix *re-* when she says…*recorro las calles*… What is she saying? _____
_____

4. Read the subtitles and mention what attractions make Mexico City the place for *vacaciones perfectas.*
_____
_____
_____
_____

Vamos a suponer que piensas pasar unos días en la Ciudad de México. Busca en el artículo la siguiente información para estar mejor preparado/-a para tu visita.

5. Tres lugares interesantes para visitar:_____
_____

6. Un hotel de precio moderado: _____

7. Un restaurante bueno cerca del Zócalo:_____

8. Un centro de compras:_____

9. Tres artesanías para comprar de precios razonables: _____
_____

10. Una sugerencia para pagar el mejor precio por las artesanías: _____
_____

C. ¡Nunca me quisiste!   En la "Ventanilla al mundo hispano" en la página 111 de *Entradas* se menciona la obsesión con las telenovelas, radionovelas y fotonovelas que existe en los países hispanos. Las fotonovelas son parecidas a las telenovelas en que las dos exageran temas tradicionales como el divorcio, la infidelidad y los celos. Lee la "Ventanilla al mundo hispano" antes de continuar. Ahora lee el fragmento de la fotonovela que sigue en las páginas 220-221 y contesta las preguntas en español. (¡**OJO!** suspica z= sospechosa, sospechar = *to suspect*, institutriz = empleada que cuida, enseña y educa a niños, esposa = *wife*)

1. Identifica la relación que existe entre los personajes.

Alfonso: _____

Lilia:_____

Meche:_____

POR POCO TIEMPO NADA MAS ESTOY DECIDIDO A HABLAR CON ELLA, A PEDIRLE EL DIVORCIO.

¿DE VERAS LO HARAS?

POR FAVOR, QUE SEA PRONTO... PORQUE YO, VOY A TENER UN HIJO TUYO.

SERÁ UN HIJO CONCEBIDO POR AMOR ¡TE ADORO, LILIA!

AUNQUE MECHE NO ERA PRECISAMENTE MUY SUSPICAZ, PORQUE SE HABÍA HECHO EL PROPÓSITO DE NO SERLO, COMPRENDIÓ QUE ALGO LE OCURRÍA A LILIA.

PERO REPENTINAMENTE SINTIÓ COMO SI UNA MANO INVISIBLE LE HUBIERA CLAVADO UN CUCHILLO EN EL CORAZON.

LILIA LEVANTÓ LOS OJOS HASTA LA ALTURA DE LOS DE MECHE, SERENAMENTE, CON LA SEGURIDAD DEL TRIUNFADOR.

SI, SEÑORA, VOY A TENER UN HIJO.

LA MISMA MECHE SE SORPRENDIÓ AL OÍRSE.

LILIA... ME PARECE QUE TIENE ALGO ESPECIAL QUE DECIRME, ¿NO?

UN HIJO DE ALFO...DEL SEÑOR BETANCOURT Y EL VA A PEDIRLE A USTED EL DIVORCIO.

¡NOO!

CUANDO VIO ENTRAR A ALFONSO, BUSCO INSTINTIVAMENTE EL REFUGIO DE SUS BRAZOS Y QUE EL LA DESPERTARA DE ESA PESADILLA.

ELLA DICE QUE TU...

MECHE RETROCEDIO UNOS PASOS, ESTUVO A PUNTO DE PERDER EL EQUILIBRIO, SU RAZON SE NEGABA A ACEPTAR ESAS PALABRAS.

¡NOOO!

98

SE LO DIJE...

NIEGALO, POR PIEDAD...

99

ALFONSO SE APARTO DE SU ESPOSA Y SE APROXIMO A LILIA, Y ANTE LOS OJOS DESORBITADOS DE MECHE, ENLAZO A LA INSTITUTRIZ POR LA CINTURA.

PENSABA CONFESARTELO YO, PERO POR LO VISTO, LOS ACONTECIMIENTOS SE PRECIPITARON. ES VERDAD, VAMOS A TENER UN HIJO.

100

NO ES MI INTENCION LASTIMARTE, PERO...¡QUIERO QUE ME DES EL DIVORCIO! NUESTRO HIJO TIENE DERECHO A LLEVAR MI APELLIDO.

SINTIENDO EL APOYO DE ALFONSO, LILIA SE VOLVIA MAS AUDAZ AUN.

IMAGINO QUE DESPUES DE LO QUE LE HEMOS DICHO, SU DIGNIDAD NO LE PERMITIRIA SEGUIR CASADA, SEÑORA.

101

2. Menciona el problema de Alfonso y Lilia. _____

_____

¿Cómo lo piensan resolver? _____

_____

3. Describe las apariencias físicas y las personalidades de los personajes.

apariencia física

Alfonso: _____

Lilia: _____

Meche: _____

personalidad

Alfonso: _____

Lilia: _____

Meche: _____

4. ¿A quién se refiere el título _¡Nunca me quisiste!_? ¿Por qué? _____

_____

5. Escribe una conclusión apropiada para esta fotonovela. _____

_____

_____

_____

_____

ESCRIBIR

Primera etapa

A. Punto de encuentro   Refiérete a las cartas que leíste en la página 196 de este manual. Escoge una de ellas y escribe una respuesta. En tu carta, toma uno de estos puntos de vista:

• Quieres tener una correspondencia amistosa; no te interesa el aspecto romántico en absoluto.

• Te interesaría conocer a tu "media naranja" _(perfect mate)_, pero quieres seguir con cautela porque no te fías mucho de este sistema.

• Una de las cartas te ha inspirado una gran pasión y ahora quieres declarar tu amor.

```
╭∿∿∿∿∿∿∿∿∿∿∿∿∿∿∿∿∿∿∿∿∿∿∿∿∿∿∿∿∿∿∿∿∿∿∿∿∿∿╮
∿                                                    ∿
∿                                                    ∿
∿                                                    ∿
∿                                                    ∿
∿                                                    ∿
∿                                                    ∿
∿                                                    ∿
∿                                                    ∿
∿                                                    ∿
╰∿∿∿∿∿∿∿∿∿∿∿∿∿∿∿∿∿∿∿∿∿∿∿∿∿∿∿∿∿∿∿∿∿∿∿∿∿∿╯
```

B. ¿Dónde trabajo?   Tus amigos Aurelio y Elsa Dávila, te invitan a pasa las vacaciones de verano con ellos en Lima, Perú. Ellos saben que necesitas trabajar para poder cubrir los gastos de un viaje tan largo y caro. Aurelio te manda unos anuncios de puestos que él te puede garantizar porque tiene palancas. Lee los anuncios en la página 222 escoge los dos que más te interesan. Escribe **en oraciones completas** en español una lista de pros y contras para cada uno para que puedas decidir cuál de los dos te conviene más.

pros	contras
1.	
2. pros	contras

C. Los consejos de papá El padre de Roberto le ha escrito esta carta sobre su relación con Carmencita. Primero, escribe en los espacios las palabras y expresiones de la lista que mejor correspondan; luego, haz un círculo alrededor de la preposición más apropiada.

cargar	dejes
casarte	echamos de menos
confiamos	estás enamorado
cuenta	hemos criado
date cuenta	he pensado

Querido hijo,

¿Cómo estás, Roberto? Ya es la una (de/en/por) la madrugada, pero (antes de/después de) acostarme, quería escribirte y desearte buena suerte en tus exámenes de fin del año.

El otro día cuando nos llamaste por teléfono, hablamos mucho (con/de/a) tu relación con Carmencita. Francamente, desde ese día, no _____ (de/en/con) otra cosa. Tu mamá y yo _____ mucho (en/con/de) ti. Te _____ bien y eres un hombre responsable. No obstante, estamos preocupados por tu comportamiento con respecto a esa chica. _____ (de/en/con) que, en realidad, has pasado muy poco tiempo (en/a/con) ella. Y aunque piensas que _____ (de/a/con) ella, el amor verdadero es el fruto de meses y años de cuidado.

No tomes mis palabras a mal. No quiero que _____ (en/a/de) escribirle ni de verla; sólo quiero que esperes un poco más antes de _____ (a/con/de) ella.

A propósito, ayer cuando estaba (en/a/de) Sears, vi al Sr. Molino, el gerente (de/a/con) la compañía donde vas a _____ camiones este verano. Me ha dicho que el tres de junio van a empezar un nuevo proyecto y que él _____ (de/con/en) tu ayuda para terminarlo a tiempo.

Bueno, Roberto, ya se está haciendo muy tarde, y pienso acostarme. Tu mamá y yo te _____ y esperamos verte pronto. Hasta entonces, recibe un fuerte abrazo (de/con/a)

Tu papá

Segunda etapa

A. A qué se debe la felicidad de Gregorio y Gisela Sifuentes La familia de Gregorio y Gisela les da una fiesta para celebrar su aniversario de oro porque cumplen 50 años de casados. Su nieta Ramona les pregunta a qué se debe la felicidad en su matrimonio. Usa las fotos que la abuela ha seleccionado para contar la historia de su matrimonio. En tu análisis, explica por qué ha sido un matrimonio tan largo y feliz.

LA HISTORIA DE GREGORIO Y GISELA

LA HISTORIA DE GREGORIO Y GISELA

B. Un viaje divino Acabas de volver de un viaje magnífico a Venezuela y el Caribe. Ahora estás escribiéndole una carta a un/-a amigo/-a. Quieres contarle todo lo que viste e hiciste. Usando el itinerario de abajo y tu imaginación, escribe esa carta.

CARACAS, SANTO DOMINGO Y CURAÇAO

SALIDAS: jueves y sábados.

Posibilidad de prolongar la estancia. Sírvase consultar las condiciones.

EL VIAJE INCLUYE

— Avión de línea regular con franquicia de 20 kg. de equipaje.
— Traslados aeropuertos-hoteles-aeropuertos, excepto en Curaçao.
— Alojamiento en habitación con baño, en los hoteles elegidos.
— Desayunos americanos.
— Los impuestos y derecho de servicio en los hoteles. Los suplementos de energía y teléfono en el hotel de Santo Domingo se abonan localmente.
— Un seguro de amplia cobertura.
— Una práctica bolsa de viaje.

Desde 193.500

ITINERARIO

1.º DIA: VUELO A CARACAS.
Noche a bordo.
2.º DIA: LLEGADA A CARACAS.
Resto del día libre.
Caracas, fundada por el conquistador Diego de Losada con el nombre de Santiago de León de Caracas, en 1576, es una espectacular mezcla de modernismo y de sabor colonial. Sus monumentos históricos, museos, parques, amplias avenidas, autopistas, urbanizaciones residenciales y los maravillosos centros comerciales, son una buena prueba de ello.
Pese a estar en zona tropical disfruta de un clima ideal, gracias a la proximidad del Monte Avila, con alturas de hasta 2.765 metros.
Alojamiento en el hotel elegido.
3.º DIA: CARACAS. Día libre.
Visitas opcionales.
No deje de ver, en esta ciudad cosmopolita, la casa antal y museo de Simón Bolívar, elegante mansión del siglo XVIII, el Panteón, la Casa Amarilla, el Capitolio, el Palacio de Miraflores, la gigantesca Ciudad Universitaria y los Museos de Bellas Artes y de Ciencias Naturales, así como los importantes centros comerciales de las Mercedes y Sabana Grande.

4.º DIA: VUELO A SANTO DOMINGO.
Resto del día libre.
«He aquí la Isla de la Española... el más bello pedazo de la tierra más hermosa que ojos humanos vieron.»
Esto lo escribió Cristóbal Colón en su diario de navegación el 5 de diciembre de 1492 y podemos asegurar que, después de casi cinco siglos, continúa siendo una tierra hermosa y bella.
Alojamiento en el hotel elegido.
5.º al 7.º DIA: SANTOS DOMINGO.
Días libres. Excursiones opcionales.
En estos días libres le agradará dedicarse a descubrir «el secreto mejor guardado del Caribe», como dicen los nativos, a disfrutar de las instalaciones de su hotel, relajarse al borde de la piscina o en las blancas arenas de las hermosas playas y participar en alguna de las excursiones opcionales por la ciudad y los alrededores.
8.º DIA: VUELO A CURAÇAO.
Resto del día libre.
Alojamiento en el hotel elegido.
9 al 11.º DIA: CURAÇAO. Días libres.
Excursiones opcionales.
Nadar, zambullirse, navegar con apacible brisa, pescar o pasear descalzo sobre las blancas arenas..., todo esto puede practicarse en esta isla a cualquier hora del cualquier día del año.

C. Las flechas de Cupido   El periódico quiere publicar un número *(edition)* especial para el Día de los Enamorados, el 14 de febrero. Para este número buscan historias personales relacionadas con estos temas:

- "Mi primera cita"
- "Una cita inolvidable"
- "Una cita horrorosa"
- "El día que conocí a mi novio/-a"

Escoge uno de los temas y escribe tu historia personal para el periódico.

_____
_____
_____
_____
_____
_____
_____
_____
_____
_____
_____
_____
_____
_____
_____
_____

Tercera etapa

A. El futuro de Lourdes   Eres un/-a sicólogo/-a que se especializa en problemas matrimoniales. Recibes una carta de tu amiga, Lourdes Manyé, una estudiante española, anunciándote su compromiso con Wayne Cox, un estudiante norteamericano. En la carta, Lourdes también te confiesa sus preocupaciones por las diferencias que existen entre su cultura y la de Wayne. Ella te ha pedido consejos sobre varios asuntos porque quiere asegurar su felicidad. Te falta poco para terminar la carta de Lourdes. Complétala con tus recomendaciones y mándasela inmediatamente.

> *Querida Lourdes,*
>
> *Antes que nada te felicito por tu compromiso con Wayne. Espero que él sea digno de una joven tan especial como tú. Sabes que les deseo a los dos toda la felicidad que se merecen. Admito que hay muchas diferencias entre las culturas, pero ya sabes que en todos los matrimonios hay obstáculos. Aquí tienes mis respuestas a las preguntas que me hiciste en tu carta:*
>
> *En cuanto a los papeles* (roles) *de los esposos* (married couples) *en los Estados Unidos, no creo que* _____
> _____
> _____
> _____

Con respecto a tus suegros (in-laws), *te recomiendo que* _____

_____

Considerando las costumbres que les vas a enseñar a tus hijos, es importante que

_____

En cuanto a la religión de tus hijos, te sugiero que _____

_____

Hablando de los quehaceres en casa, estoy seguro/-a que _____

_____

Pensando en dónde Uds. van a pasar las vacaciones (con tus padres en España/con sus

padres en los Estados Unidos), es posible que _____

_____

_____

Con respecto a la cocina americana, es necesario que _____

_____

_____

Referente al futuro, no dudo que Uds. _____

¡Buena suerte!

Abrazos de

_____

B. Una carta de recomendación   Has solicitado empleo con una compañía multinacional y el jefe de personal necesita saber tu nivel de comunicación en español. Escríbele una carta a tu profesor/-a de español, explícale la situación y pídele una carta de recomendación.

C. América del Sur   La profesora de español de un colegio en tu ciudad quiere hacer un proyecto sobre la América del Sur para sus alumnos del quinto grado. Tú y tus compañeros de clase han decidido ayudarle a preparar unos materiales. Cada uno de Uds. va a preparar un pequeño informe sobre uno de los países de la América del Sur. Escoge un país que te interesa y después busca los datos en la biblioteca para completar este formulario.

INFORME
SOBRE
_____

DATOS IMPORTANTES

Capital:

Habitantes:

Area:

Idiomas:

Moneda:

Productos principales:

GEOGRAFÍA Y CLIMA:

HISTORIA:

ESCUCHAR

A. ¿Quiénes hablan?   You are seated near a public phone in a shopping center in Los Angeles where you accidentally overhear portions of conversations. Use your imagination and try to guess the relationship that exists between each caller and the person he/she calls. Next to the number of the conversation write the letter that corresponds to that relationship.

Las conversaciones	Las relaciones
1. _____	**a.** los/las conocidos/-as
2. _____	**b.** los/las amigos/-as
3. _____	**c.** los novios
4. _____	**d.** los recién casados
5. _____	**e.** los casados

B. ¿Quién será?   Listen to each of the following items and decide what is the profession of the person talking. Write the corresponding letter in the blank.

1. _____	**a.** plomero
2. _____	**b.** agente de bienes raíces
3. _____	**c.** bombero
4. _____	**d.** camionero
5. _____	**e.** comerciante
6. _____	**f.** mujer de negocios
	g. farmacéutico
	h. granjero

C. El Club Cupido   You work for Club Cupido in Los Angeles where your job is to match clients looking for romantic partners. While examining some applications, you discover that they are incomplete. Since you recorded your clients as they described themselves, you will first play back the tape and then complete the information for applicants four, five, six and seven. Afterwards, read over the applications, match those you consider compatible and record your recommendations in the spaces provided. You may have more applicants than you have available matches.

1

Club Cupido

Núm. de identificación: __14__   Apodo: __La seductora__

Descripción: _Soltera, 25 años. Agente de viajes—Baja, delgada, atractiva, romántica y alegre. Me encantan las películas americanas y me gusta leer y viajar._

Mi pareja ideal: _Busco un compañero de viaje sociable, atractivo, romántico, y con buena situación económica._

Recomendación

Núm. de identificación _____

Apodo _____

2

Club Cupido

Núm. de identificación: ___137___   Apodo: ___El Gato___

Descripción: ___Divorciado, 35 años, Bombero — Alto, fuerte y muy activo — Me gustan la música,___ ___el campo y los deportes.___

Mi pareja ideal: ___Deseo encontrar una gatita morena, bonita y dulce para compartir su futuro___ ___conmigo.___

Recomendación

Núm. de identificación _____

Apodo _____

3

Club Cupido

Núm. de identificación: ___82___   Apodo: ___El Príncipe Azul___

Descripción: ___Viudo (2 niños) de 42 años, bajo, gordito, tímido — Farmacéutico. Me gustan los___ ___niños, la playa y mi hogar.___

Mi pareja ideal: ___Necesito una princesa seria, culta y cariñosa para establecer una relación estable.___

Recomendación

Núm. de identificación _____

Apodo _____

4

Club Cupido

Núm. de identificación: ___17___   Apodo: ___El Bárbaro___

Descripción: ___honesto decente. Me interesan___

Mi pareja idea: ___Necesito una mujer dulce,___ ___y que sea buena ama de casa y que___ ___sepa cocinar.___

Recomendación

Núm. de identificación _____

Apodo _____

5

Club Cupido

Núm. de identificación: ___63___   Apodo: ___La Dinámica___

Descripción: _____Soltera, 30 años._____ Me encantan

_____ , las canciones románticas y andar al aire libre.

Mi pareja ideal: _Busco un hombre_____ y con buen empleo.____

_____

Recomendación

Núm. de identificación _____

Apodo _____

6

Club Cupido

Núm. de identificación: ___74___   Apodo: ___El Solitario___

Descripción: _Divorciado,_____ , dueño de una empresa multinacional. No muy

_____ y amoroso. Me fascina ver las películas "westerns",_____

_____ a personas y culturas diferentes._____

Mi pareja ideal: _____

Recomendación

Núm. de identificación _____

Apodo _____

7

Club Cupido

Núm. de identificación: ___28___   Apodo: ___La Princesa___

Descripción: _____ 38 años,_____ , comprensiva, de____

_____presencia aceptable. Me encanta_____ con personas intere-

santes y enseñar a los niños._____

Mi pareja ideal: __Busco un hombre maduro, educado y_____

Recomendación

Núm. de identificación _____

Apodo _____

D. "Cien refranes, cien verdades" Pedro seems to have a proverb to suit every situation. As you listen to his conversations with several different friends, decide which of the following sayings he would most likely use to top off the conversations. Circle the corresponding letter. You may want to review the *refranes* on pages 471 and 481 of *Entradas* before you begin this exercise.

1. a. A buen hambre no hay pan duro.
   b. Las paredes oyen.
   c. Del árbol caído todos hacen leña.

2. a. A quien madruga, Dios le ayuda.
   b. Poderoso caballero es don Dinero.
   c. En boca cerrada no entran moscas.

3. a. Más vale tarde que nunca.
   b. Gato escaldado del agua fría huye.
   c. Agua pasada no muele molino.

E. Nuevas etapas You are at a graduation party where you overhear two classmates, Marina Belén and Carla Mateos, reminiscing about old times and making future plans. Listen to their conversation and circle the correct responses. You will hear their conversation twice.

1. Carla reminds Marina of the time...
   a. they signed up for the wrong class.
   b. they went to the wrong class.
   c. they forgot to go to class.

2. Marina describes...
   a. the hired help at a reception they attended.
   b. the people at a cocktail party they attended.
   c. what they wore to a mascarade party they attended.

3. Marina begins her new job...
   a. on Monday.
   b. the next day.
   c. after a brief vacation.

4. Marina likes...
   a. the salary and challenges of her new job.
   b. the location and travel opportunities of her new job.
   c. the salary and location of her new job.

5. Carla plans...
   a. to attend dental school.
   b. to attend medical school.
   c. to attend law school.

6. Marina will visit Carla...
   a. in September.
   b. in the summer.
   c. during Christmas vacation.

ANSWER KEY

Capítulo uno
Leer

A. Item 1: cereal box
Item 2: fast-food menu
Item 3: contents page of newspaper
Item 4: lottery ticket

Item 5: record club application
Item 6: bumper sticker
Item 7: sticker for car window
Item 8: play bill

1. a. dieta
carbohidratos
vitaminas
minerales

niacina-*niacin*
thiamina-*thiamine*
riboflavina-*riboflavin*
sal-*salt*

b. dietary information

c. 300 grams, 10.7 ounces, 10 servings

d. arroz, rice, sugar, vitamin B_6

2. a. page 17   d. page 8
b. page 15   e. page 25
c. page 17   f. page 2

3. lotería

4. a. apellido, calle, número, apartamento, D.P., población, provincia

5. peace, "I love peace"

6. arsenic, antique, old, lace
"Arsenic and Old Lace"
time and date of performance

B. 1. a 23-8993   d. 25-3665
b. 26-3349   e. 28-5678
c. 27-1393   f. 20-1386

C. 1, 8, 3, 6, 2, 5 4, 7

Escribir
Primera etapa

A. — días
— Buenos, señor, está Ud.

— Estoy, gracias, Ud.
— gracias, luego
— Hasta luego

— Pase
— Muchas, amable

— Hola
— Cómo
— tú
— Muy
— Tienes
— Si, tengo clase
— luego
— Hasta

— días
— Buenos días, estás
— bien, Y Ud.
— Muy bien, clase
— No tengo clase ahora, permiso
— Muy bien
— Hasta luego, doña Elena

Segunda etapa

B. Cruz Domínquez, Miguel Angel
Avda. Simón Bolívar #557
Ciudad de Panamá
Panamá

González Campos, Berta
Río Hondo #183
Bayamón
Puerto Rico

Alfonso Gómez, María Elena
Calle Central #290
San José
Costa Rica

Hurtado Delfino, José Luis
Avda. 5 de mayo #1033
Guadalajara, Jalisco
México

C. 1. tenemos
2. Hay
3. es
4. tienen que
5. hay

6. son
7. es
8. estamos
9. estamos
10. tengo

Tercera etapa

B. 1. San José, 1/6, 89, 96.00
Hotel Don Carlos
noventa y seis colones

2. Santiago de Chile, 17/6, 89, 77.56
Hotel El Conquistador
setenta y siete pesos, cincuenta y seis centavos

3. Acapulco, 28/6, 89, 90.64
Hotel Copacabana
noventa pesos, sesenta y cuatro centavos

C. Estoy, tíos, tienen, casa, los, vecinos, hablan, que, inglés

Cómo, es, fascinante, primo, vamos, compañero, no, español, tengo

Escuchar

A. 3, 5
1, 4
6, 2

B. Señor Moreno   Señora Moreno   Señora Moreno
Raúl Torres Castro Roberto García Silva Sara Llanos Peña
7 14 39 02   6 30 11 28   8 75 69 84

Señora Moreno   Señora Moreno
José Víctor   Carmen Flores Sánchez
2 96 56 41   5 18 33 70

C. 1. grandmother
2. Cuban
3. Miami

1. cousin   1. Diana
2. American   2. aunt
3. Colorado   3. kind

1. Miguel   1. father
2. brother   2. Spanish professor
3. San Juan   3. Spanish, English, French, German

D. Jones, Thomas   Mocher, Heidi
20 de mayo 1945   11 de octubre 1952
norteamericano   alemana
Miami, Florida   Frankfurt, Alemania Occidental
11602583,   71423918
noviembre del año de 1986 febrero del año de 1985

Johnson, Michael   Fuentes, Ana
6 de junio 1960   Román
inglés   7 de julio 1970
Londres, Inglaterra   mexicana
96207368   Ciudad de México, México
marzo del año de 1982 81531024
         enero del año de 1986

Capítulo dos
Leer

A. 1. a. Item 1: boat
    Item 2: plane
    Item 3: train

b. Item 1: Puerto de Benalmádena, Fuengirola, Marbella, Banús
Item 2: París, Malaga
Item 3: Madrid, Burgos, Burdeos, París

2. a. 10:00 a.m.
13.30 h
1:30 p.m.
2.5 hours
7:30 p.m.

b. 3; Friday, Saturday, Sunday; dinner; tea, snacks, breakfast
3:15 p.m.; 5:35 p.m.; 2 hours, 20 minutes

c. 7:40 p.m., two, 8:48 a.m., approximately 12 hours
adultos
niños
individual
doble
turista
34.600, 65.800, one way, round trip

C. 1. a. boxing
b. volleyball
c. skiing
d. automobile racing
e. basketball

2. a. winner
b. World Volleyball Champions
c. batter
d. boxing, knock-out champ
e. baseball, homeruns

D.

	activity	audience
1.	swimming at a pool	children, adults
2.	visiting a museum	children, adults
3.	dining/dancing at a restaurant	adults
4.	going to a bar	adults
5.	exercising at a gym	adults, children

E. 1. visiting a museum, dining/dancing at a restaurant
2. dining/dancing
3. going to a bar, visiting a museum
4. going to a gym
5. swimming at a pool

Escribir

Primera etapa

B. 1. el veinte de enero
14 h, 15,30 h
Avenida del Sol #115
Margarita Campos

2. el cinco de marzo
   20 h
   Avenida el Prado #28
   Hugo y Dora Suárez

3. Moreno
   hija, Luz María de los Angeles
   José Luis Franco Rivera
   Santa Catalina
   El catorce de febrero
   16 h
   Calle de la Libertad #100

Segunda etapa

C. acabo, gusta, son, es, vivimos, corremos, somos, practica, corre, odio, vemos, hablamos, salir, estudia, vamos, tengo

Tercera etapa

C. pongo, salgo, Como, voy, Odio, conozco, soy, veo, tomo, como, hago

Escuchar

A. 1. martes-domingo: 10 h-13 h
       lunes: cerrado
   2. martes-sábado por la mañana: 9,30 h-13 h
      martes-sábado por la tarde: 16 h-19 h
      domingo: 9,30 h-14 h
      lunes: cerrado
   3. lunes-sábado: 10 h-20 h
      domingo: cerrado
   4. sesión de la tarde: 19 h-22,30 h
      sesión de la noche: 11 h-24 h

B. mirar televisión y leer el periódico: Papá
   ir al concierto: Felicia, Eduardo
   ir al zoológico: Mamá, Isabelita

C.   likes   **dislikes**
   1. inglés   contabilidad
      francés
      historia del arte

   2. escuchar música
      ir al cine
      jugar al fútbol

   3. café   leche
      jugo de manzana

   4. 9:30   8:00
      11:00   3:30
      12:30

D. Elena
1. Sí
2. Sí
3 No
4 No
5 Sí

Rafael
1. No
2. No
3. Sí
4. No
5. No

Luis, Alfredo
1. No
2. No
3. Sí
4. Sí
5. Sí

Patricia, Silvia
1. Sí
2. No
3. Sí
4. No
5. No

E. 1. biología
2. literatura
3. economía

Capítulo tres

Leer

A. 1. a. sunny
  b. 70° F., 21° C.; 50° F., 10° C.
  c. northeast
  d. page 2A

2. a. partly
  b. warm
  c. partly sunny and warm
  d. light clothing, because of the heat

3. a. unstable
  b. Spain
  c. north coast
  d. cloudy
  e. unstable weather
  f. sunny
  g. some clouds in the morning with showers in the afternoon in the mountains
  h. in the mountains
  i. low: 59-62° F.; high: 95-98°F.
  j. 7,30 h, 21,06 h
  k. warm, hot

B. 1. November
2. dining rom
3. no interest
4. discount
5. 12 months
6. oval table, round table, rectangular table
7. pine
8. table, chair, glass buffet
9. 8
10. 16

Escribir

Primera etapa

B. levantarse, se lava, desayuna, mira, va, escucha la música, jugar, cena, se baña, se baña, acostarse

Tercera etapa

B. se levanta, dormir, pone, dormilona, digo, razón
suelo, siempre, sonríe, Quizás, quisiera, verdad
queremos, sueño, iglesia, gusta, piensa, empiezo
encantan, suelo, me divierto, puedo, programas, noticiero, acuerdo

Escuchar

C. Por la mañana: 3, 1, 2, 4, 6, 8, 5, 7
Por la tarde: 1, 4, 3, 7, 2, 5, 8, 6

F. tocador: $66.00
sofá: $189.00
espejo: $24.00
televisor: $199.00
escritorio: $75.00
estante: $49.00
alfombra: $200.00

Capítulo cuatro

Leer

A. 1. Muy importante para Ud.
El viaje
Los precios incluyen
Hoteles seleccionados
Precios por persona en habitación doble con baño

3. a. no
b. none
c. Bahía Garza
d. 37.100

6. a. transfer, lodging

7. a. viaje
b. universitarios
c. salimos

B. 1. color symbolism

3. a. 1. estabilidad/*stability*
2. profundidad/*depth*
3. vitalidad/*vitality*
4. espontaneidad/*spontaneity*
5. excentricidad/*eccentricity*
6. Seguridad/*security*
7. actividad/*activity*
8. sexualidad/*sexuality*
9. necesidad/*necessity*
10. superficialidad/*superficiality*

b. 1. predilección/*predilection*
   2. renovación/*renovation*
   3. sensación/*sensation*
   4. perfección/*perfection*
   5. mistificación/*mystification*

4. a. brown
  b. greet
  c. red
  d. violet
  e. white
  f. green
  g. yellow
  h. blue

C. 1. regular service, special service
  2. special service, 6:00 p.m.
  3. regular
  4. sostenes, medias, combinaciones, camisetas
  5. synthetic fabrics; buttons or decorations
  6. 263 colones
  7. tuxedo
  8. pijamas, medias, calcetines
  9. Sundays, holidays

D. 1. how to pack a suitcase
  2. put them in bags
  3. 3, 5, 7, 4, 9, 1, 6, 8, 2

E. 1. visitors to Colombia
  2. because Spanish people use two surnames
  3. full name
  4. it reads day-month-year instead of month-year-day
  5. 8 is for residents of Colombia, 9 is for residents abroad
  6. the intended address in Colombia
  7. airline
  8. type of visa

Escribir

Segunda etapa

B. 1. tiene hambre
  2. tiene sueño
  3. tiene frío
  4. tiene prisa
  5. tiene sed
  6. tienen miedo

Escuchar

A. 1. lo
  2. las
  3. lo
  4. te
  5. lo
  6. los
  7. las
  8. la

B. Paco, Carmen, Luis, Roberto, Elena, María, Ana, Don José

E. 1. Valdepeñas, Luis
2. cero
3. 16/10/72
4. Avianca-52
5. 430 East 7th Brooklyn, Nueva York
6. Colombia, no
7. un mes, no
8. placer
9. no
10. no
11. $50.00

Capítulo cinco
Leer

A. 1. zapato
pescado
reloj
pescadería
jardinería
relojería
zapatero
jardinero
relojero

2. a. toy store
b. furniture store
c. butcher
d. clothing store
e. bookstore
f. restaurant
g. garden supply store
h. jewelry/watch store
i. bakery
j. dry cleaners

3. a. Librería Burrel
b. Carnicería Santa Constanza
c. Fausto's
d. Sastrería/Camisería Hombre
e. Mueblería Aragua
f. Juguetería Tony
g. Orfil
h. Blanca Nieves
i. Tintorería el Danubio
j. Los Claveles

B. 1. a. biscuit
b. flour (or) sugar (or) eggs
c. coffee, tea, hot chocolate
d. breakfast, snacks
e. for dessert
f. traditional, new, sweet

2. b. nutritive value, taste, appeal to adults
d. color, flavor and smell of fruit
e. sight, taste, smell
f. (orange) naranja, (lemon) limón
g. balanced diet
h. for mothers

C. 1. how to make wine at home
the importance of wine to the economy of Spain
a personality profile of a renowned wine connoisseur
the contribution of wine to the problem of alcoholism

2. a. it can relieve tension (or) increase the level of lipids

3. a. false: The alcohol and sugar content of a wine is a good indication of how many calories it has.
   b. false: If you are on a diet to lose weight, you can drink wine because it has, on the average, 75 calories per glass.
   c. false: With fish, you can serve either a white or a red wine.
   d. true
   e. false: Time is the only thing which can sober one up.
   f. false: It is not a good idea to use cheaper wines for cooking rather than for drinking.

D. 1. breakfast
   2. Buffet: Le Relais
      A la carte: Ritz
      Fixed price meals: Ritz
   3. juice
   4. yes; no
   5. a. 850
      b. 950

E. 1. grapefruit, cottage cheese, whole wheat diet bread, tea, coffee, low fat milk/powdered milk
   2. whole wheat diet bread
   3. leche en polvo = *powdered milk,* leche descremada = *low fat milk*
   4. eggs, turkey slices, tomato, lemon juice, diet bread, whole wheat roll
   5. by weight, the metric measurement
   6. with lemon juice
   7. shrimp with herbs or fish, cauliflower or broccoli, rice, baked apple or diet gelatin, coffee, tea, low fat milk/powdered milk
   8. shrimp, fish
      broccoli, cauliflower
      baked apple, diet gelatin
   9. fish, apple

Escribir

Segunda etapa

A. 1 pomelo
    1 paquete de requesón
    1 barra de pan (de trigo integral)
    1 lata de café
    1 caja de té
    1 docena de huevos
    1 paquete de lascas de pavo
    1 tomate
    113 g. camarones o pescado
    1 cabeza de coliflor o brécol
    1 manzana
    1 caja de gelatina de dieta
    1 botella de leche descremada
    1 caja de leche en polvo

    la pescadería, la lechería, la panadería, la verdulería

C. 1. me, te
2. le, le
3. les, le
4. nos, nos
5. les, le, le

Escuchar

A. la zapatería de José María   el cine Campo del Amor
la farmacia Eterna   el restaurante Roma
la tintorería Cheng
la oficina de correos

B. 1. pasaporte: sí
tarjeta de turista: sí
boletos de avión: no
reservaciones: no

2. levantado: sí
bañado: sí
vestido: sí
desayunado: no

3. pasado la aspiradora: sí
ido a la tintorería: no
escrito una carta: no
dado las gracias a tía Eulalia: sí

C. 6, 2, 7, 5, 4, blank, 3, 1, blank, 8

D. 1. mentira   6. mentira
2. verdad   7. mentira
3. verdad   8. mentira
4. verdad   9. mentira
5. verdad

E. tintorería: vestido
zapatería: zapatos negros de Sr. Moreno
papelería: sobres
mercado: 1 docena de huevos, 1 kilo de papas, 1/2 kilo de cebollas, 1 kilo de tomates, 2 litros de leche
carnicería: chuletas de cerdo, 1 pollo grande

F. Oscar: chuleta de cerdo, arroz, zanahorias, vino de la casa, pan, agua
Mirta: camarones, arroz, ensalada de lechuga y tomate, (agua)
José: hamburguesas y papas fritas, (agua)

Capítulo seis
Leer

A. 1. c

2. a. 5000; 1000; 5000-7000

b. staying at Marriott hotels, renting cars through National Car Rental, Hertz, Dollar or General Rent-a-Car
c. free trip
d. 90
e. fill out coupon

B. 1. a. fabuloso   *fabulous*
          generoso   *generous*
          famoso   *famous*

      b. *marvelous*

   2.   family
         student groups
         "honeymooners"

   3. a. off-season, April 20-June 14/August 16-December 14
      b. high season, June 15-August 15
      c. children under 12 stay free in their parent's room
      d. free accomodations for tour leader
      e. surprise gift
      f. vacaciones en familia—$18.75, $24.55
         verano estudiantil—$17.40, $23.65
         luna de miel—$46.00

   4.   luna de mile
         verano estudiantil
         luna de miel
         vacaciones en familia

C. 2. DeFord restaurant, 14.4, 28 minutes
       3. Follow; up to; show; rental envelope; Turn right; traffic light
       4. left; 4.6; go through; .5; Forbes Avenue; on the left

Escribir

Primera etapa
B. 1. (Yo) sé   6. (Yo) conozco
      2. pueda   7. me gusta
      3. He trabajado   8. sepan
      4. (Yo) conozco   9. reciba
      5. (Yo) soy

Escuchar

A. 26 de agosto; 6 de septiembre
      Bogotá   Cartagena
      avión
      Caribe   Nueva Granada
      200,000

B. change traveler's checks to Mexican pesos $40.00
      change colones to dollars   10,000
      change coins to pesos (*paper money*)   83

C. 1. reservation   Friday (23rd), Saturday (24th) for Jorge Rodríguez
  2. complaint   wants towels delivered to her room
  3. request   what floor is the pool? Is it open?
  4. complaint   too much noise coming from the room next door

D. Luis, Sandra, Fidel, Maribel, Rodrigo, Elena

E. 1. Restaurante "La Cabaña"
  2. Farmacia
  3. Museo de Bellas Artes
  4. Cine Rex
  5. Oficina de turismo

Capítulo siete
Leer

B. 1. party, dinner, cocktail party
  2. b
  3. a. bring a small gift.
    b. introduce yourself to the other guests.
    c. send a thank-you note or telephone your thanks
  4. 3; 4; 1; 5; 2; 6
  5. a. Sí
    b. No
    c. No
    d. Sí
    e. X
    f. Sí
    g. No

C. 1. House, Duplex, Condominium...What Is Your Best Option?
  2. El Sr. Stephen Muss es el dueño del hotel Fountainebleau Hilton.
  5. a. el duplex o twin home
    b. el condominio
    c. la casa
    d. el apartamento
    e. el duplex o twin home

Escribir

Primera etapa

B. llegué, tomé, me acosté, me levanté, presentó, ofrecieron, acepté, llevaron, pasamos

entramos, regresó, decidimos, nos encontramos, nos sentamos, charlamos, volvimos, llamó, invitó

Segunda etapa

C. 1. No se lo di porque...
  2. No, no me lo llevé hoy.
  3. No, no se la mandé.
  4. No, no se lo compré.
  5. No, no te la lavé.
  6. No, no se lo pagué.
  7. No, no te la dejé.
  8. No, no se lo robaron.
  9. No, no se lo presté.
  10. No, no te la preparé.

Escuchar

A. a. 2, b. not used, c. 1, d. 3

B. real estate
      agent: mucho terreno
             sala bonita
             chimenea
             cocina moderna
             habitación matrimonial
             césped

      buyer: solamente un baño
             solamente dos habitaciones
             escuelas lejos

C. 1. se las   6. se la
    2. nos los   7. nos los
    3. se lo   8. se la
    4. me la   9. se la
    5. te las

D. Andrés: fue de compras, pescó
    Lorena: montó caballo, jugó tenis
    Rubén: esquió en el agua, jugó golf

E. 1. b   4. c
    2. a   5. a
    3. c

Capítulo ocho

Leer

C. 1. 3; 9; 2; 1; 4; 5; 6; 8; 7

D. 1. Nissan   6. Sunny, Sentras, Terrano, Laurel
    2. 1988   7. Sunny, Pickup, Bluebird
    3. Bluebird, Laurel   8. Sunny, Bluebird, Terrano, Laurel
    4. Terrano   9. Pickup
    5. Sentra, Bluebird, Laurel   10. Sentra, Bluebird

Escuchar

A. Drawing #1: man in plaid sports coat
    Drawing #2: blond man in middle
    Drawing #3: man with dark hair wearing a suit
    Drawing #4: not described

B. 1. d   4. b
    2. c   5. a
    3. e

C. ginecólogo   gynecologist   gynecology

                      pathologist   patalogía   pathology

       oftalmólogo   opthamologist   opthamology

E. make: Chevrolet   model: Impala   year: 1970   color: green

owner: Mario López   registration #: 8765920211

driver: Mario López   insurance: Allstate

time of accident: approx. 8:00 p.m.   speed: 45 m.p.h.   weather conditions: good

location: corner of Linda Vista and Washington St.

reason for accident: heading north on Linda Vista went through intersection with a green light and was hit by a bus

personal injuries received: broken left arm

passengers involved: none

evident damage to vehicle: left side

relative/other to notify: his brother Ángel

Capítulo nueve
Leer

B. 1. Children don't express themselves well, their symptoms are often confusing.

2. They will seem ridiculous.

3. He or she will always be happy to consult.

4. It is preferable to call the doctor early on.

C. I. a. 4

    b. 1

    c. Ella quiere persuadir al lector ir a la Clínica Universitaria de Navarra.

    d. Pienso que ella depende más de experiencia personal para persuadir.

  II. a. Tiene un tumor maligno.

    b. por la recomendación de un especialista de Filadelfia

    c. el equipo médico, aparatos modernos e impresionantes, y la tecnología.

    d. es especial, la calidad humana

    Segunda parte

    a. su salud

    f. falso

    g. cierto

    h. Cuesta 13.750 pesetas por persona/año.

    i. Para familias hay discuentos.

    j. falso

Escribir

Segunda etapa

A. — Estoy aquí de vacaciones y no me siento bien.

— Estoy mareado/-a, y no puedo comer ni beber nada.

— Sí, me duele el estómago y tengo diarreas.

— ¿Cuándo debo tomar la medicina?

— Sí, mientras caminando mi hijo se tropezó y se lastimó la pierna. ¿Tiene Ud. una venda?

— Sí gracias. Eso es todo.

— Aquí está el dinero…y muchas gracias.

B. — No, se les olvidaron el dinero.
— No, se le cayó las gafas.
— No, se le rompió el tobillo.
— No, le alivió la curita.
— No, se le torció el tobillo.

Tercera etapa

B. 1. le duelen las orejas
2. una infección, entonces no recetó ningunos antibióticos
3. el tendón aquiles y pide un calmante
4. jadea y cojea
5. el hospital en la oficina del doctor esperando
6. resfriado, el gripe, y tose
7. no podemos tolerar más

Escuchar

A. L to R: Sra. Gómez, Doña Rosa, Pablo Salas, el Padre de Pablo, Sr. Romero, Anita y Alicia Vargas

B. 2, 1, 3, 4

C. 2, 6, 4, 3, 1, 5

E. síntomas   primeros auxilios
1. a, d   e
2. b   a.
3. e, f   c, f
4. c   d

Capítulo diez

Leer

A. 1. a. banquetes, convenciones, 15 años, las comuniones, bautizos, graduaciones, bodas
b. confirmaciones, bodas, las comuniones, bautizos
c. 15 años, confirmaciones, bautizos
d. banquetes, convenciones
e. Recepciones "Silas"
f. Alquiladora "Fiesta," Margarita Zoreda
g. Margarita Zoreda, y Alquiladora "Fiesta"
h. "Miss Florida"
i. Casa Alicia, Recepciones "Silas"
j. pasteles, bocadillos, comida gourmet
k. cirstalería, cubiertos, globos, piñatas, gorros.
l. Margarita Zoreda, Alquiladora "Fiesta," Recepciones "Silas"
m. "Miss Florida," Casa Alicia

B. 1. b
2. a
3. f
4. e
5. c
6. d

C. 1. 5, 4, 1, 9, 2, 7, 8, 6, 3

Escribir

Primera etapa

B. 1. ir, viene, vienes, traer
   2. venir, traigo, traes, traes, voy
   3. venir, ir, venir, traer, traigo

Tercera etapa

A. 1. Queridísimo, te quiere
   2. Estimado profesor: suya atentamente
   3. Estimado señor: suya atentamente
   4. Querida, cariñosamente

Escuchar

A. Armando, 37-24-81, una fiesta, 4 de noviembre, a las nueve, "Los tres violines," con corbata, la cinta

C. 1. a
   2. d
   3. b
   4. d

D.			
1. mecánico	con experiencia en carros extranjeros	727-38-91
2. muchacha para cuidar niños	responsabilidad	847-70-86
3. secretaria	tiene que hablar francés	796-03-55
4. asistente doméstico	tiene que saber como cocinar y limpiar la casa	864-42-79

Capítulo once
Leer

A. 1. b, c

  3. a. María González
     b. Graciela Hernández Mateos
     c. Cándido Sinfuentes
     d. Daniel Leyva Vento
     e. María Ester Espinoza Salazar

B. 1. a, c, f

  2. a. solución, problema, sistemas, recomienda, sicólogo, imagina, ocurriendo, persona, admires, discusión probablemente, ofendido, resolverá, estudiar
    b. prueba, imagina, invierte, repítele, dedícale
    c. sugerirá, comprenderá, resolverá, ocurrirá
    d. Imagina que ese mismo problema le está ocurriendo a alguna persona a quien tú admires mucho.
    e. ¿Qué haría esa persona, si tuviese ese problema?

C. 1. b

2. b

3. Buenos amigos, Reto, Lógico, Posesivo, Romántico, Generoso

4. Buenos amigos, Lógico, Posesivo

5. Reto, Romántico

6. flexibilidad de adaptarse

7. cierto   10. cierto
8. cierto   11. falso
9. cierto   12. falso

13. a. Lógico
    b. Posesivo
    c. Generoso
    d. Romántico

Escribir

Primera etapa
C. 1. me gradue   1. me graduara
    2. tenga un niño   2. me casara
    3. se vaya a la universidad 3. se fueran a la universidad

Escuchar

A. 1. Los señores Morales: size, lodging, cost, tradition, location, distractions
       Armando: scholarships, specific course offerings, accepting responsibility

2. ¿Cuál el la mejor universidad para Armando?

3. b, d, e

C. 1. 3, —, 2, 1
    2. 4, 2, 3, 1
    3. 1, 2, 3, 4

D. 2. a. cara limpia
    b. una base del color de la piel
    c. polvo por toda la cara
    d. rubor en las mejillas
    e. sombra, rimel y delineador
    f. pintalabios de color rojo

F. 1. a. Va a robar una blusa.
       b. comprar o robar la blusa

2. a. Robó 10 mil dólares.
   b. confesar o mentir

3. a. Oyen un grito de socorro.
   b. llamar a la policía o ignorar el grito

4. a. Cristina sabe que Humberto quiere salir con Matilde.
   b. mentir o explicar la verdad

Capítulo doce

Leer

A. 1. a. novios
   b. #3
   c. padre, Elena, madre, Rafael

2. Ciertas: a, e, g, h
   Falsas: b, c, d, f,

B. 1. considerar *to consider* reconsiderar *to reconsider*
   crear *to create* recrear *to recreate, to entertain*
   aparecer *to appear* reaparecer *to reappear*
   abrir *to open* reabrir *to open*

2. visit the city again

3. to walk through the streets

4. hotels, restaurants, crafts

C. 1. Alfonso: adora a Lilia
   Lilia: trabaja en la casa de los Alfonso
   Meche: esposa de Alfonso

2. Se aman y van a tener un hijo.
   Alfonso va a pedirle el divorcio a Meche.

4. Se refiere a Meche porque Alfonso no la ama.

Escribir

Primera etapa

C. de, antes de, de, he pensado en, confiamos en, hemos criado, darte cuenta de, con, estás enamorado de, dejes de, casarte con, en, de, cargar, cuenta con, echamos de menos, de

Escuchar

A. 1. c
2. e
3. b
4. a
5. d

B. 1. f
2. g
3. b
4. d
5. e
6. a

C. 4. Divorciado; el boxeo, la televisión, la cerveza; simpática

5. secretaria, alta, atractiva, dinámica; el tenis, el béisbol; alto, responsable

6. 30 años; alto, soy simpático; viajar y conocer; Me gustaría conocer a una mujer culta, asendosa y esbelta.

7. Divorciada; y soy maestra; Soy baja; nadar, conversar; sincero

D. 1. a
    2. c
    3. c

E. 1. b   4. c
    2. c   5. c
    3. a   6. a

CREDITS AND PERMISSIONS

Pages
160-161 Articles reprinted from *Medicina y ciencia, Tiempo de Hoy*, June 1987, pp. 118-119, Spain.

Page 162 *Cuando hay que llamar al médico, Buenhogar*, Año 22, Nº 7, March 26, 1987, De Armas Publishing Group.

Page 179 *Etiqueta por Elizabeth Post, Buenhogar*, Año 23, Nº 1, January 1, 1987, pp. 58-59. Hearst Corporation, New York.

Page 182 *Bruce Willis: El héroe de "luz de luna", ¡Hola!*, Nº 2.235, June 18, 1987. Keystone-Nemes, Spain.

Page 183 Greeting Card. Success Book Sales, New York.

Page 196 *Punto de encuentro, Cosmopolitan*, Año 16, Nº 10, October 1988, p. 76, De Armas Publishing Group.

Page 197 *Si no encuentras solución a tu problema, Cosmopolitan*, Año 16, Nº 10, October 1988, p. 10, De Armas Publishing Group.

Page 199 *El amor: ¡Cómo lo ve el hombre y cómo lo ve la mujer! TU internacional*, Año 8, Nº 12, December 1987, p.114. De Armas Publishing Group.

Pages
216-217 *Tú juzgas: El amor por teléfono...¿funciona?, TU internacional*, Año 9, Nº 1, January 1988, p. 70, De Armas Publishing Group.

Page 218 *Ciudad México, Vanidades Continental*, Año 28, Nº 20, September 1988, p. 22, De Armas Publishing Group.

Pages
220-221 *¡Nunca me quisiste!, El libro semanal*, Año 33, Noviembre 1985, pp. 94-101, Mexico.